THE POWER OF SIZE.

サイズ感を
意識すれば、
最高の自分に
出会える

自分をもっとよく見せたい。
カッコいい自分になりたい。
印象を変えてビジネスでも成果を出したい。

そんなふうに思っていませんか？

でも、自分は体型がよくないから。
でも、自分は背が低いから。
自分はこんなものだから。
と諦めていませんか？

自分を変える魔法の鍵があります。
それは、

サイズ感

サイズ感を変えるだけで、
自分も服も印象も
全部思いどおりに変わります。
その一例をご紹介します。

サイズ感を変えた一例

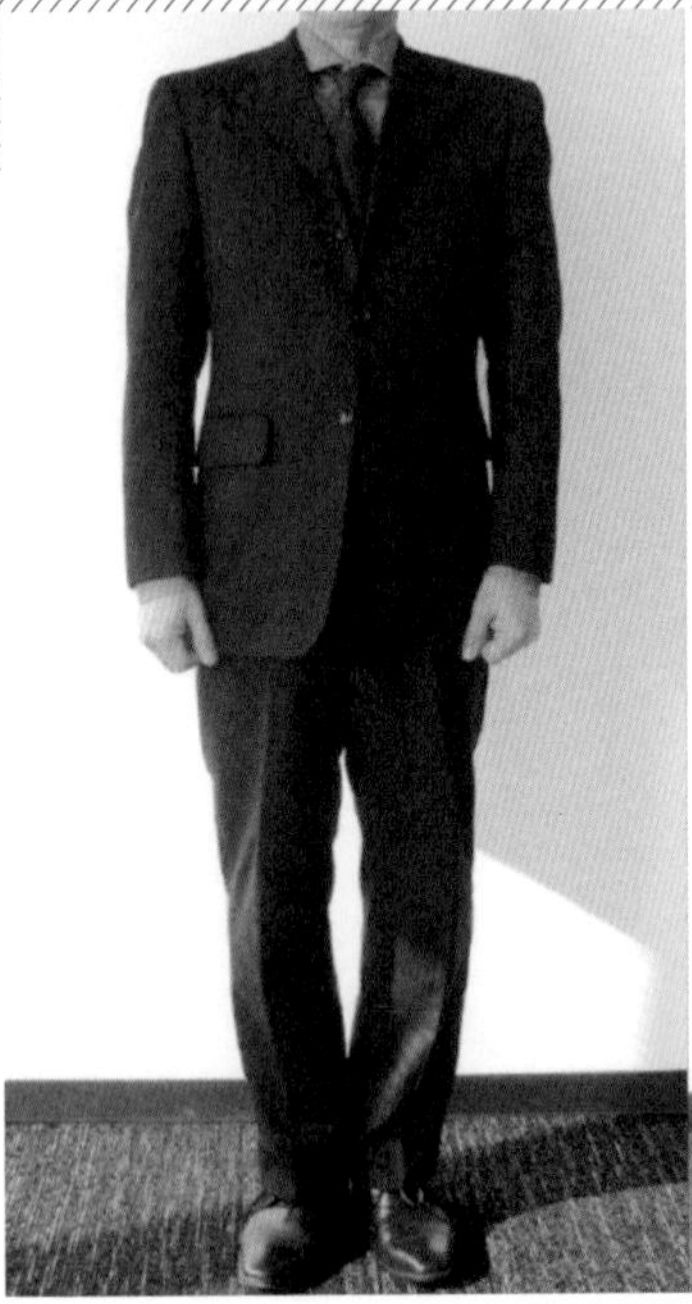

Before

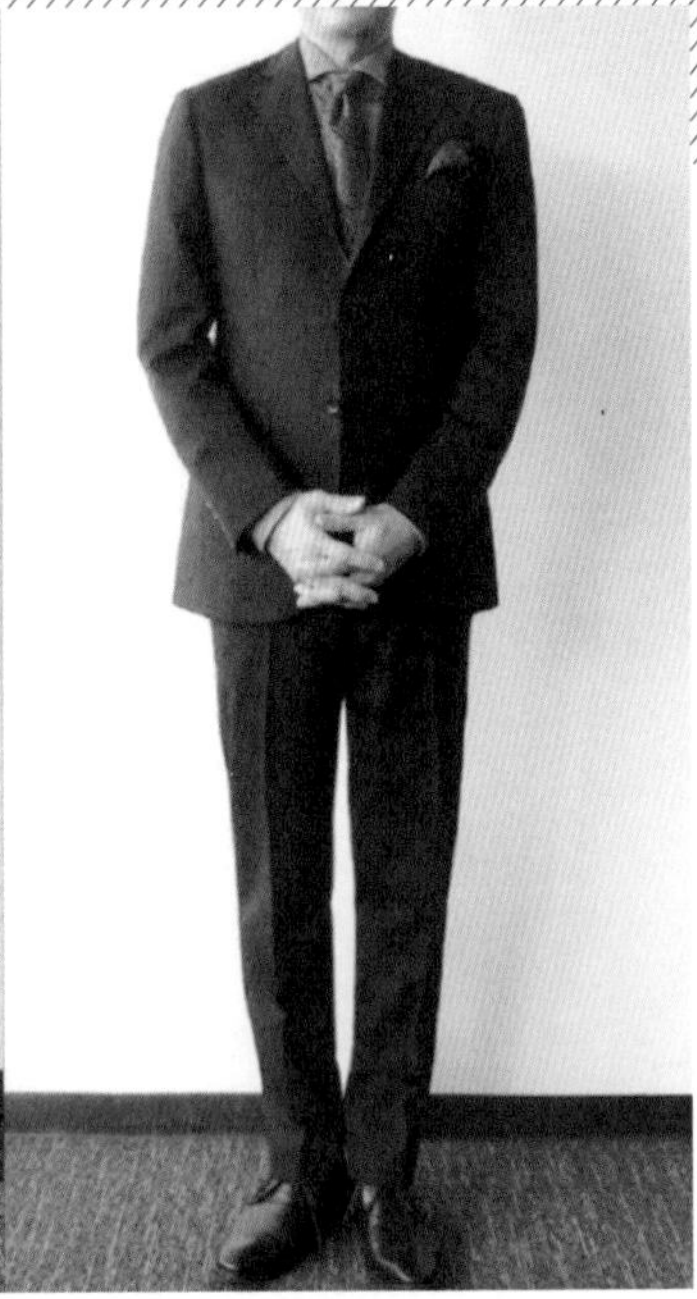

After

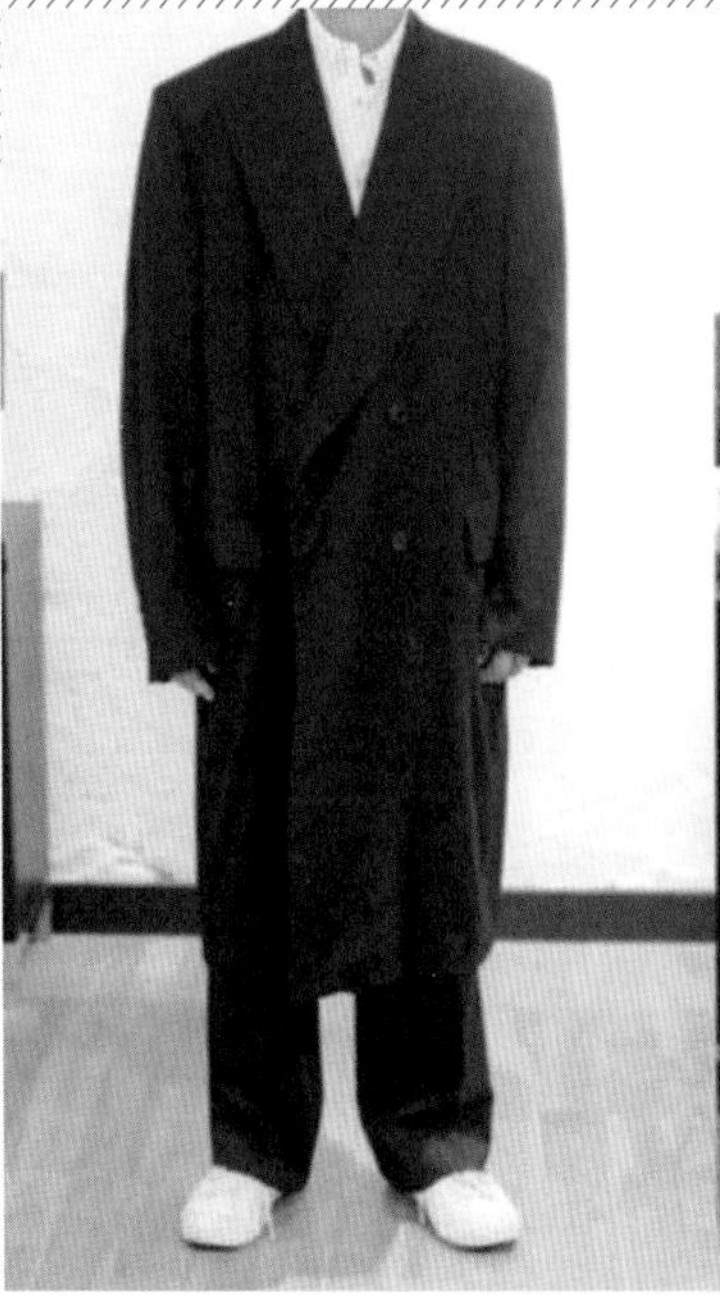

Before

After

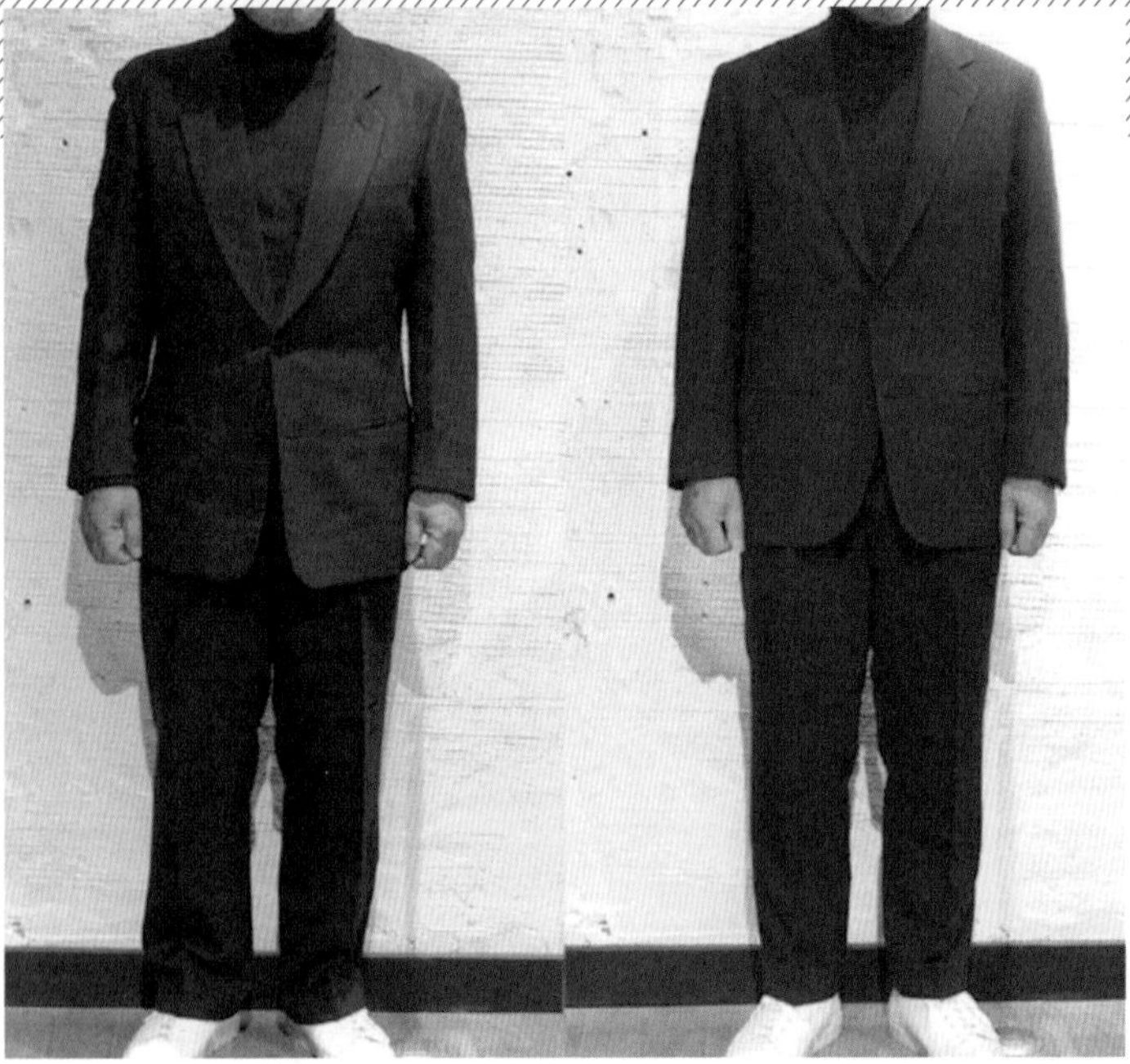

Before　　　　After

Before

After

Before

After

Before

After

いかがでしょうか。

同じ服、同じ人でも、
サイズ感をコントロールするだけで
見た目、印象は大きく変わります。

逆に、どれだけ高くていい服であっても、
サイズ感が間違っていると
印象は悪くなり、カッコよくなりません。

なりたい自分を思い描き
そのサイズ感を意識するだけで、
自分の印象や見た目が変わり、
なりたい自分に近づくことができます。

すべては意識の力が
あなたの未来を決めるのです。

はじめに

本書を手に取っていただき、ありがとうございます。

ドクター久美子こと、内本久美子です。私は服のリフォーム店『心斎橋リフォーム』の経営者かつ、ボディリサイズの専門家として、日々、お客さまとお洋服に向き合っております。

振り返れば、この仕事をして30年が経ちました。今でも、多い日には50人、月間では数百人という数のお客さまをお迎えして、服のお直しをとおして、その方なりの魅力的な着こなしのお手伝いをしております。

私が対応させていただくお客さまには、いわゆる「一流」と呼ばれるような方々が多くいらっしゃいます。一言で言ってしまうと、皆さまとても〝カッコいい〟。道ゆく人がすれ違いざまに、「あの人、素敵だな」と、思わず振り向いてしまうようなオーラを放っています。

「素敵な人」と思えるのは、その方が個性的な着こなしをされているからという理由もあるでしょう。または、名だたる高級ブランドや素材のよい服を選ばれているからかもしれません。

でも、どんなにファッション誌のコーディネートを全身そのままコピーしたとしても、どんなにお洋服代につぎ込める金銭的な豊かさがあったとしても、それだけで「素敵な人」の装いができるのかというと、決してそうではありません。

では、「素敵な人」「カッコいい人」に共通していることとは何なのでしょう。

私がお客さまを通じて見つけたその答えは、「自分自身を知っている」ということでした。

そして、素敵な人は皆さま、自分がどうありたいのか、どう見られたいのか、どんな〝印象〟を残せる人でいたいのか、を常に意識しています。

その意識が、服をとおして、現実的に表れているのです。

同じ服を着ていても、違う印象はなぜ生まれるのか？

男性女性問わず、身長や骨格の違いなど、私たちにはそれぞれ個性があります。ファッション雑誌やお店のディスプレイのコーディネートをそのまま着るのは、モデルやマネキンだとカッコよく見えても、すべての個性に当てはまるとは限りません。

同じ服を着てみても、あの人はカッコいいのに、なぜ自分はこうなのだろう……と不思議に思われたことは、誰にでもあるのではないでしょうか。

あの人はとても素敵にこの服を着こなしている。では、いざ自分が着るとどうなのだろう……。

そこから、自分探しが始まります。


まず、自分をどんな印象に見せたいでしょうか。

スタイリッシュに見せたいのか、仕事のデキる人として見せたいのか。

女性であれば、スレンダーに見せたいのか、グラマラスに見せたいのか。

そうやって、自分が自分のイメージに近づくように、クリエイションしていく作業が必要です。

そこで鍵となるのが、服を魅せる「サイズ感」です。

サイズ感とは、シンプルに言えば自分の体に合うサイズの服を着ること。

ただ本書でお伝えするサイズ感とは、もう少し幅の広い考え方です。カッコいい、キレイな容姿の方であっても、サイズ感が合っていない服を着ると、どれだけ素敵なデザインでも、途端にカッコよくなくなります。

逆を言えば、**サイズ感を変えるだけで、人の印象は変えられる**ということ。

サイズ感とはトリックなのです。

このトリックについては、本書で詳しくお伝えします。トリックを操れるようになると、自分のなりたい印象へと一瞬で近づくことができ、自分を確立することができるようになります。

そして、鏡に映るこの自分こそ、本来の自分なのだと、インプットされていく。そうすると、その自分をキープするために、さらに自分磨きに拍車がかかります。

そうやって、自分の意識が高まることで、常に最高の自分であり続けることができるのです。そのような人が、結果的に「一流の人」と呼ばれていると、私はお客さまを見ていて思うのです。


一流だから、素敵なのではない。

自分の印象を意識して、作り込んでいるからこそ、一流の人として映っている。

そして、そのような人こそ、サイズ感のトリックを上手に操っているのです。


本書では、カッコいい素敵な人と、長年毎日向き合ってきたからこそ紐解けた、一流の人に共通するマインドやこだわり、さらに私が仕事としているサイズ感のトリックを伝授いたします。

男も女も惚れ惚れするような、マインドの高い、最高にカッコいい素敵な人が増えますように。

内本久美子

目次

第2章 その着こなしでは残念に見えます

第3章 一流の自分を作る着こなし&服選びのコツ

第4章 「一流の自分」になるための習慣

第5章 未来の自分を作るサイズ感の決め方

ブックデザイン:山之口正和(OKIKATA)
カバー写真:PeopleImages/gettyimages
DTP:野中賢(システムタンク)
編集協力:澤田美希
プロデュース:鹿野哲平

第1章

「最高の自分」になる
ただ一つの方法

一流の人ほど、体型が違って見える理由

私たち人間は例外なく、それぞれの身長や骨格を持って生まれてきます。それが、人の個性を形成する一部になっています。

「人は外見ではわからない、心が大切」と言われます。それはもちろんそう。

でも、外見も同じように大切です。

なぜなら、**外見が心を形作るから**です。

自信に満ちあふれている人の多くは、自分の見た目にもこだわっています。

成功している人ほど、お金があるから、服や小物、バッグなどにもお金がかけられます。しかし、その人のオーラや風格というのは、高い服装をしているから醸し出されるものではありません。

世にいる人全員が、いわゆる雑誌に登場するようなモデル体型ではありませんよね。

もちろん顔立ちだって、人それぞれ違います。

でも、例えば平均身長よりも低かったとしても、スタイルがよく〝見える〟人はいます。

または、同じ身長の二人が、似たような服を着たとしても、まったく与えるイメージが違うこともよくあります。

一方は、スラッと長身に見えて、かつ仕事がデキる男という印象なのに対して、もう一方の人は背の低さが目立ってしまううえ、どこかだらしない印象がある。

同じ服を着たとしても、この人は〝普通〟なのに、なぜかあの人は素敵に見える。

この違いの要因は、何なのでしょうか。


先にお答えしてしまうと、それはズバリ「バランスとサイズ感」です。


「サイズ感とは？」と、疑問に思われる方もいらっしゃるでしょう。

私の仕事のようなリフォーム業界やアパレルの世界では、バランスとサイズ感は、まったくイコールではありませんが、同じ領域としてとらえています。

全身のバランスがいい人は、スタイルもよく見える。

つまり、素敵に見える人は、スタイルがよく見える〝サイズ感〟を知っているのです。

そして、私がこのお仕事を通じて出会った、いわゆる「一流」と呼ばれる方々は皆さま、ご自分のサイズ感を知っており、かつ自ら操っていらっしゃいます。

ですから、いつお会いしても、スタイルがよく、カッコいいのです。

「何を、どう着るか」で未来の自分が決まる

テレビにも出演するほどファッション界で活躍していらっしゃる、私のお店のお客さまが、あるとき、こんな格言をおっしゃいました。

「何を着てるかだけが問題じゃない。いつ、何を、どう着るかなんだ」

〝俺〟という自分が活きるには、この場面で、何を、どう着るべきか。

そこに意識を集中しているこの方の〝美学〟は、まさにここにありと感じた瞬間でした。

多くの人が、服は「何を着るか」で決まると思っています。世の中には、服のコーディネートや着こなし例はあふれていますし、メディアもそれを多く取り上げます。

でも実際は違います。

「どう着るか」なのです。

どれだけカッコいい服、素敵な服を選んだとしても、「どう着るか」がない人は、服に着られてしまったり、服だけが目立ってしまったりすることになります。

しかし本当は、**コーディネート以前に、〝どんなふうに着るか〟が大切**なのです。

そこに意識が向かないと、たとえファッション雑誌のコーディネートをそのまま真似ても、その人のカッコよさとは程遠くなってしまうのです。

ファッション・スタイリストのプロフェッショナルや、ファッション業界の方々の素敵な着こなしを拝見していると、ただ単にマニュアルどおりのコーディネートをしていないことは明らかです。

皆さん、自分を〝どう魅せたいか〟を基準にして、着こなしを決めていらっしゃいます。

そのような方々は、もちろん職業ですから、ご自身のサイズ感もよく知っていて、自分を〝どう魅せたいか〟をより意識して、自分を作り込んでいます。

だから、カッコいいのです。

そして、そんなカッコいいファッション界のプロに「仕事を任せたい」と周囲に思ってもらうことで、お仕事を手に入れられています。そのために、自分を演出しているともいえるでしょう。

私たちがまとう服は、人間の体の9割を覆っています。

ですから、その9割の部分を意識してコントロールすることで、自分が〝どう見えたいか〟を演出することができます。

つまり、〝ありたい自分〟を演出するということ。それは、ありたい自分へとたどり着く近道であり、あなたの未来の姿に直結しているのです。

見た目をよくするには、自分の素敵さを知ること

鏡の前に立って、自分の姿を直視したとき、

「自分、カッコいいな」

「今日も、キマってるな」

「素敵だな」

と、思えているでしょうか。

もしあなたが、仕事がデキて、カッコいい一流の人になりたい、仕事も人生ももっとよく変えたいと思っているのであれば、〝素敵〟な自分を知ることから始めましょう。

私は、初めてご来店されるお客さまを担当させていただくとき、その方がどんなふうに自分を魅せたいのかをお聞きしながら、持参されたお直し用の服で実際にサイジングをして、ピンを入れていきます。

あるライン（シルエット）に作り込んでいくと、ふとお客さまの表情が変わります。

それは、そのお客さまが、

「自分の知らなかった自分に出会った瞬間」

です。

大げさに聞こえるかもしれませんが、自分のことを、

「お、これはいい感じかも」

「あれ、ちょっとカッコいいかも」

と、少しでも思えたということは、新しい自分の素敵さに気づいたということ。カッコいい自分の姿を鏡で見た瞬間、その姿が脳にインプットされます。それが素敵な自分との出会いとなり、変わっていく扉が開かれます。

はじめは誰でも、いつもと違う自分をなかなか素直に受け入れられないものです。そんなときは、徐々に素敵な自分を見慣れていくようにすると、自然と素敵な自分探しを追求するようになっていくでしょう。

変わりたい、カッコいい人でありたいと思うのであれば、まずは自分で自分を「素敵だな」と思えるところまでもっていくことが大切。

それは、〝サイズ感〟が鍵を握ります。

今は自分を素敵だと思えない人でも、「絶対にカッコよくなれる！」と、私は確信しています。そのためには、あなたにとっての〝カッコよさ〟、素敵な自分とは何かに気づいて、「どんな自分でありたいか」「どう見えたいか」を意識していくことが欠かせません。

結局、人は見た目で判断される

あなたがビジネスの場で、初対面の人と挨拶したとき、相手の印象をどこで感じるでしょうか。

「はじめまして」なわけですから、実際に目に見える範囲で、「この人は、こんな感じなんだな」と判断するのではないでしょうか。

身も蓋もない話かもしれませんが、結局、人は見た目で判断されるのではないかと思うのです。それは、仕事の場面だけでなく、恋愛もしかり、人間関係もしかり。

やはり、**人との関係は、第一印象から始まってしまう**からです。

ですから、自分の見た目を意識するということは、ビジネスにおいても、豊かな人間関係を築くためにも、とても大切なこと。

「いい歳の大人が、見た目を追求するなんてチャラチャラしている」

と思われる方もいるかもしれません。

でも、就職活動や昇進面接など、自分の人生がかかっている真剣なときは、少なからず自分がどう見られるか、この外見でどう判断されるか、ということを意識しているのではないでしょうか。

また、会社勤めの方や、会社を経営されている方は特に、自分の印象が会社の評価にもつながります。ですから、大人の男性にとっては、自分の見た目を意識する〝責任〟があるといえるでしょう。

その意識を、普段からできるだけ保つようにすることで、見た目が変わることはもちろん、ビジネスも人間関係も大きく変化していくようになるはずです。

それが、結果的には、一流の人へと近づく、自分磨きの一番の近道にもなるのです。

見た目を気にしない人は、100%損をする

見た目を気にしないでいると、ビジネスだけでなくプライベートにおいても大きな損をしています。

よく言われるのが、清潔感や容姿。清潔感がある人が好き、顔がカッコいい人が好きといった声をよく耳にするのではないでしょうか。でも人は、部分的に相手を見ているのではなく、全体の印象を見ています。

私は洋服のリフォームを行い続けてきたからこそ、断言できることがあります。

それは、**「服＝自分」である**、ということです。

人が相手のことをどのように認識しているかというと、その人のスタイルそのものを見ているのです。スタイルは、体のスタイルのことではなく、考え方や習慣、立ち居振る舞いを含めた全体としての印象です。

それを決めるのが服であり、その服のサイズ感によって印象は大きく変わります。

太っていると思われるのか、恰幅がいいと感じるのか、頼りがいがあり優しそうに

見えるのかは、どのような服を、どんなサイズ感で着ているかで大きく変わるのです。

私の店にはリーダーや経営者のお客さまも多くいらっしゃいますが、皆さん清潔感があるのはもちろんですが、容姿などに関係なく、存在感のある振る舞いを、当たり前のようにされています。

そこには必ず、その人ならではの「服の着こなし」があります。ただなんとなくカッコいい服を着ているのではなく、そのお客さまならではのスタイルがあるのです。

自分のスタイルを持っている人は、一流同士の仕事でも信頼されます。一流の経営者になればなるほど、商談する相手や付き合う相手にも同等以上を求めます。そこでは、仕事だけでなく、服や持ち物へのこだわり、生き方や人生哲学へのこだわりを持っているかを重要視される方が多いように感じます。

単にカッコいい自分になるというのではなく、自分の生き方を表現する。これができるかできないかこそが、一流かそうでないかを分けてしまうのです。

「どう見られたいか」を決めるだけで、人生は劇的に変わり始める

「自分がどう見られているか」

「どんな自分でありたいか」

を追求するようになると、おもしろいことに、見た目以上の変化があります。

それは、マインドの変化です。

自分の素敵さを発見し、常に着こなしを意識していくことで、会社の同僚や後輩、
または友人たちから、

「最近、素敵ですね！」

「カッコよくなったね！」

「新しいスーツ、いいね！」

などと褒められるようになります。

そして、**褒められると、人は一気に変わります。**

人間は、「認められたい」という想いが、少なからず存在している生き物。これを承認欲求といいます。近頃は、「承認欲求なんて不要」という考え方もありますが、承認されたいという欲求が消えることはありません。

上司や、親、異性などに認められたいというのは、人間の持っている本能的な欲求だからです。

ですから、褒められて気分が悪くなる人はいません。

褒められたり、〝素敵な人〟と一度認められたりすると、自分が変わっていくことに自信が持てるようになります。

そして、もうカッコ悪い自分には戻れなくなるのです。

体とマインド、ファッションはつながっている

私のお店のお客さまの例をご紹介しましょう。

初来店時、その方はぽっちゃりした体型で、「スーツがキツくなったから、サイズアップしたい」とお直しに来られました。実際にサイジングをして、その方がより素敵に見えるサイズ感を発見していただきました。そのスーツを着て会社に行ったところ、とても褒められたのだそうです。

その後、何度もご来店いただいていたのですが、あるとき、「カッコよくなりたいから、体を絞る！」と宣言。本当に有言実行され、1年で30キロ減量されました。あれから何年も経ちますが、今もスリムに絞った体型を維持されていますし、それまではダボダボのパンツを履いていたのに、タイトなデニムを履かれるようになりました。

見違えるようになったのは、見た目だけではないようです。沈みがちだった気分が明るくなり、女性受けもよく、常に「素敵だね」と褒めてもらうことで、メンタルが

上がり、自信が持てるようになったのです。当然、お仕事もバリバリこなされています。

ご本人いわく、「世界が変わった」とのこと。

このお客さまを見ていて、私は確信しました。

体とマインドとファッションは、全部つながっている、ということを。

自分のマインドが、自信をベースにして変化していくと、姿勢が変わり、体の軸がまっすぐになる。結果、体のラインも変わります。

そして、服をカッコよく着こなす自分を意識するようになるのです。

もともとこの世の中には、ダサい服はありません。

ダサく見えてしまうのは、服を〝ダサいように着ている〟からなのです。

ですから、マインドが変われば、誰もがカッコいい着こなしへと昇華することができるようになります。

一流の人は、なぜ太らないのか？

お店に来てくださる「一流」と感じる方々から、

「太ったから、サイズを直してほしい」

という要望がくることは、ほとんどありません。

なぜなら、皆さん、〝**意識を管理**〟されているからです。

一流の人は、ダイエットする以前に、「自分を確立する」という意識を明確に持っています。

もし本当に痩せたいのであれば、走ったり、糖質計算したり……と、効果的な方法はいくらでもありますよね。

では、なぜそれができないのか。

それは、そこまで自分の意識が達していないからです。つまり、カッコよくて素敵な自分に、まだ出会えていないということ。

結局、人の成長は、「意識」がすべてです。

その意識は実は、見た目に左右されているのです。

サイズ感に意識を向けると、体型は維持される

もし、素敵な自分を発見し、自分のサイズ感を知ると、それが自分にインプットされます。そうなると、もう以前の自分には戻らなくなるのです。

はじめは、「なんとなく、カッコよくなりたい」程度だったとしても、自分でも知らなかった素敵な自分をサイズ感で作り込んでいくと、どんどんカッコよくなります。同時にマインドが変わることで、自然とサイズ感にぴったり合う体を、自ら作るようになるのです。

そして、

「このサイズ感が、自分なんだ」

と、常に意識することで、体も意識したとおりになっていきます。

私自身の例で恐縮ですが、もともと太りにくい体質ではありましたが、若い頃から、

「私のウエストのサイズは、この先もずっと変わらない」

と決めていました。

実際、仕事を始めて30年経った今も、ウエストのサイズは変わっていません。むしろ、還暦を迎えるときが来たら、おヘソを出してデニムを履こうかな、という心持ちでおります。

私の場合は、サイズ感のプロとしてお客さまに接していますので、常にスレンダーに魅せることを意識しています。

仮に、スレンダーでもなんでもなく、ブクブクと締まりのないラインでいる私が、「スタイリッシュさ」をご提案したところで、なんの説得力も持たないでしょう。

ですから、お客さまにもこう言い切っています。

「私は太らないんですよ。サイズ感で管理されていますから」

ウエストのサイズをただ管理するのではなく、私の場合は、〝スレンダーなサイズ感〟であるという「意識」を管理しています。

これは、一流の人を見ていても、同じように感じます。

自分が素敵であるためのサイズ感で全身を作り込んでいるので、ちょっとでも太るとパンツが履けない。シャツに横ジワができてしまう。

「自分のサイズ感はこれだ」

と決めているので、皆さんそのために、その方なりの方法で体を絞っています。

でも決して、ツライけどやるのではなく、心地よく管理しているように見えます。

なぜなら、それをすることが素敵な自分自身の確立なんだ、という意思を持っているからです。

この意思が継続すると、維持力も比例して強くなり、リバウンドをすることはなくなります。

これが意識レベルのダイエット。

太らないのは、ただの結果にすぎません。自分の意識をどれだけ管理できるかが、結果として体に表れているだけなのです。

The Power of Size
体型を補正するサイズ感のトリック

先ほど、私の例をお話ししましたが、私はいつでも「スレンダー」に見えるようなラインにこだわっています。

30代までは、まだ若さゆえに自然と引き締まっていた体も、40代を超えると、どうしても年齢とともにもたつきを感じることも、正直あります。そうすると、それまではカッコよくキマッていた服が、なんだか野暮ったく見えてしまう日を迎えるのです。

だからといって、年齢のせいにして、服のラインまでもたつかせるようなことは、絶対にしません。

あくまでも、スレンダーに。

これは、私が服をまとううえでの鉄則です。

どんな一流の人であっても、誰もが羨《うらや》むような体型なわけではありません。冒頭にも書きましたが、人間はそれぞれ異なった身長と骨格を持っています。

ですから、体型にコンプレックスがある人も多くいらっしゃるかもしれません。

逆に、自分の体型になんの不満もないという人を探すほうが困難でしょう。


体型にコンプレックスがある。でも、自分をこう魅せたい。こんな自分でありたい。こんなラインで、着こなしたい。

それが決まったら、サイズ感の出番です。

明日までに5キロ減量して体を絞りたい、または5センチ身長を高くしたい……と願ったところで、24時間ではどうすることもできません。

でも、サイズ感を味方にすると、次の瞬間、願ったとおりの自分の姿に近づくことができるのです。

例えば、スラッとした印象に見られたいけれど、身長が低い場合、丈の長いシャツを着ると脚は短く見え、さらに身長の低さを強調することになってしまいます。

そんなときは、その人がカッコよく見える長さの丈にとどめ、全体のラインをシャープに作り込む。そこを意識すると、脚も長く見えるし、身長も高く見えるようになるのです。

　これが、サイズ感のトリック。

　一度、サイズ感の力を知ってしまうと、なくてはならないものになります。逆に言えば、このサイズ感さえ操れると、この先もずっと、素敵な自分であり続けることができるということです。

サイズ感は、物理的なサイズだけでなく、イメージのサイズ

　先ほどから「サイズ感」という言葉を使っていますが、このサイズ感には大きく分けて2つのパターンがあります。

　それは、

物理的な体型でのサイズ感と、印象としてのサイズ感

です。

例えば、身長の低い方に向けたサイズ感は、物理的なサイズ感。

また、お腹周りが気になる体型コンプレックスをお持ちの方もいらっしゃるかもしれません。これは、女性にも多いお悩みですね。


では、印象としてのサイズ感には、どんなことがあるでしょうか。

役職のある地位にいる、また経営や医師、弁護士などをお仕事とされていると、周囲から信頼されるかどうかが、非常に重要になります。そのような方は、「信頼」という印象を与えられるようなサイズ感で作り込むことがおすすめです。

それには、トレンドを追求したようなラインではなく、程よいゆとりのあるラインを作ることで、〝信頼できる人〟という印象を勝ち取ることができます。


この両パターンのサイズ感があることを意識するだけで、あなたの見た目は急激に変化することでしょう。

これは上級編かもしれませんが、サイズ感に慣れてきたら、ぜひご自分でトリックを自由自在に操ってみましょう。

私も常に、サイズ感を操り、演出しています。

例えば、講演会などで賢い自分を演出したい日は、クラシカルな印象を与えるサイズ感に。別の日のイベントでは、艶やかな大人の女性を演出するために、あえて横ジワが出るように少し細身の服でラインを作って、グラマーに見せる。そうすると不思議なことに、峰不二子のようなグラマラスな印象に見せることだってできるのです。

サイズ感の力で、なりたい自分を、そのときそのときに合わせて演出する。

それができると、人生をさらに豊かなものへと変化させることができます。

想像を超えた「自分」を見つけよ

タレントさんなどを見ていると、人気が出て売れ出すと、どんどんカッコよくなったり、キレイになったりしていくのを、目にすることも多いですよね。

または、講演会などで壇上に上がったりと、人に見られる機会が多い人も、徐々にその人の世界が確立されていきます。

それは、マインドがなりたい自分を実際に作り出している、というわかりやすい現象だと思うのです。


私たちは誰しも、もっともっと素敵な自分に出会えるチャンスがあると、私は信じています。

その鍵を握るのは、サイズ感。

サイズ感で見た目を作り込んでみてください。タイトなジャケットにするのか、ゆったりしたサイズ感のジャケットにするのかでも印象はまるで違います。新たな自分を発見すると、現実がついてくるようになります。

そう、先に「これまでとは違う、よりカッコいい自分」を演出することで、本当にカッコいい人になれるのです。


なりたい自分の印象を決めて、実際に新しい自分に出会えると、今度はそれに見合った姿勢だったり、表情だったりを研究するようになります。そうすると、思い描いた自分のイメージにだんだんと近づいていきます。まやかしのように聞こえるかもしれませんが、本当にそうなのです。

撮られることが仕事のモデルさんは、どのアングルが一番素敵に写るかを熟知しているから、いつでも完璧なスタイルで自分を〝魅せる〟ことができる。

また、セミナーなどで講師を務める先生は、たくさんの人に一度に見られている緊張感で、背筋も伸びて堂々とした姿勢となり、体も引き締まってくる。

そうやって、自分が作られていくのです。


自分でも知らなかった自分と出会うことで、新たな自分が確立され、常にワンランク上のステージへとアップグレードできる。

ですから、素敵な自分になりたいと思う人には、ぜひこのサイズ感の力を知って、操っていただけたらと、願っています。

最高の自分に出会うなら、服を見直すことから始めなさい

カッコいい人、素敵な人、一流の人になるには、生まれ持った素材が完璧である必要も、ハイレベルなファッションセンスを持つ必要もありません。また、高級ブランドの服だけを購入するから、完成されるわけでもありません。

ただただ、カッコいい自分にみせる、素敵な自分になる、と決めればよいのです。

「自分は、どうなりたいか」

その気持ちが、自分を磨いていくことにつながります。

「自分がどうなりたいかなんて考えたことがない」という方は少なくないでしょう。

自分がどうなりたいか、もしくは自分は○○な男だ、というものを持っているか持っていないかで、自分のあり方が変わってきます。

ぼんやり生きるのではなく、自分がどんな大人でありたいかを意識しながら生きる。

この意識があるだけで、考えだけでなく、すべての行動に表れます。服を選ぶときに何を着るのか、この服を着たときに自分はどうなるのか、どのスタイルの服を着て、どんな仕事をしていくのか。

「カッコいい」と言われたいのか、「男らしい」と言われたいのか、「渋い」と言われたいのか。

そういったことをイメージしてみてください。

自分がまだ出会っていない最高の自分を想像してみるのです。

私のお店のお客さまは、皆さん、どんな自分でありたいかを、常に意識していらっしゃいます。だから、本当にカッコいいのです。

皆さまの姿と向き合うと、「今日もこの方、キマッてるな〜！」と、いつも心から思います。

それは皆さまが、「最高の自分でいたい」という、ブレない想いを持っている表れです。

本来はすべての人が、「最高の自分」に出会うことができると、私は思っています。

この本を読んでくださっているあなたも、もちろんそのお一人です。

では、今ここで、最高の自分に出会う、最高の自分になることを決めて、ご自分のクローゼットを見直してみましょう。

服選びのコツは第3章でお伝えしていきますが、まずは自分のマインドと姿は比例することを意識し直してみましょう。

最高の自分に出会ってしまうと、カッコ悪い自分が人生から消えてなくなります。

そして、自分がアップグレードされ、周りからも「一流の人」と認識され、人生がおもしろいほど輝くようになるのです。

第2章

その着こなしでは
残念に見えます

「損をする着こなし」の人は何が間違っているのか？

「なんとなく買って、なんとなく着る」をやめる

新しいスーツやお洋服を購入されて、おろしたとしましょう。

ここで、「いつも素敵ですね」と、評価されるのか、それとも新調した服について何も触れられず、逆に「いつもキレがない人だな」と思われて終わるのか。

この違いはどこにあるのでしょうか？

それは**なんとなく服を買い、そのままなんとなく着てしまっているかどうか**にあります。

評価される着こなしをしている人は、自分自身をもっと磨いていきたいという向上心を持っています。

そのため、第1章でもお伝えしましたが、自分のことをよく知っています。一流の人ほど、自分がどうありたいか、最高の自分の姿や立ち居振る舞い、思考も行動も客観的に把握している。

だからこそ、その最高の自分に合った服を選びます。自分に合った服というのは、デザインやスタイルだけでなく、サイズ感が自分の魅せたいイメージに合っているもの。それを大切にしながら、服を選ばれています。

そうして選んだ服だからこそ、自分を素敵に魅せる演出ができ、しっかりと着こなすことができるのです。

これが印象となり、存在感あるオーラとなって全身で生き方を表現できるのです。

意識を変えるだけで、すべての印象が変わり出す

男性・女性を問わず、着こなしから見せる〝印象〟が、ビジネスに影響します。

好印象は、着こなしを含めた第一印象で決まります。

ですから、ビジネスの場で闘っていくためにも、評価される着こなしかどうかは、とても大切なのです。

自分の着こなしは、どう評価されるだろうか。どう見えているだろうか。

そう意識できると、見た目だけでなく、自分の直したい部分やまだまだ甘いところが許せなくなって、磨いていくようになります。

そのような意識を持つだけで、まず表情が変わります。


シャネルのデザイナーであるココ・シャネルは、こんな言葉を遺しています。

「20歳の顔は自然からの贈り物、
30歳の顔はあなたの人生。
でも、50歳の顔はあなたの功績」

つまり、顔立ちのパーツは持って生まれたもの。

でも顔の表情は、自分で作り上げていくことができるということ。

それも、自分の日ごろの意識から生まれます。


「なりたい自分」を意識する。

サイズ感を意識して、自分の体に合った服を選ぶ。

鏡を見て、自分の表情や雰囲気、与える印象にも意識を向けていく。


それだけで、自分の表情も雰囲気も変わっていきます。

これが今すぐできる自分を磨く方法です。

自分を磨いていこうという高い意識こそ、表情に表れていきます。そのような表情を持つ人は、いくつになっても男性でも女性でも魅力的だなと思うのです。

もし、それほど自分のルックスに興味のない男性が、仕事でもっと成果を上げたい、評価されたい、頑張りたいと思ったとき、

「着こなしや見た目なんて、別に自分の仕事への頑張りには関係ない」

と思うかもしれません。

しかし、すでにお話ししたとおり、すべてはつながっています。

だから、ここはダメだけど、こっちはできる、見た目の印象はダサいけど、仕事はできる、なんてことはほとんどありません。


一流の人は、あらゆるすべてのことに全力でこだわり、楽しみながら真剣です。

このスタンスが一流を作り上げるのです。

評価される着こなしか、それとも損をしているか。

そこを見直すことは、自分のルックスを否定したり、素敵な着こなしができない自分を否定したりすることではありません。

そうではなく、ご自身を見つめ直してみるきっかけにしていただきたいのです。

着こなしが変われば、お仕事での評価も変わり、人生も変わります。

「服なんてどうでもいい」が、メンタルのたるみを生む

メンタルがたるんでしまう本当の理由

「着こなしと意識」は、直結しています。
ですから、一流の自分、素敵な自分になる階段から遠ざかってしまうダメな意識が、

「私なんていつもこんなもんだ」
「服も、どう見られるかも、どうでもいい」
「これでもいいや」

というものです。

歩いている人を見ていると、スーツであっても、カジュアルなアイテムであっても、ちょっと手を加えると見違えるようになるのに……と、残念に思うことがあります。

私は仕事柄、どうしても着こなしに目がいってしまいますが、きっとそのご本人も、「自分の着こなしは完璧だ」「最高にカッコいい」

と、自信を持って着こなしていないのではないかな、と思うのです。


「自分が着たらこの程度」

「こんなもんだろう」


そうやって自分を〝諦めて〟しまうと、見事にその意識が反映されて、〝こんなもんだ〟という印象になってしまうのです。

もう少し具体的な例で話をしてみましょう。

180センチの長身の人がこの服を着たら、スラリと整って見えるけど、170センチの自分が着るのだから、この程度だろう。

このように、着こなしをある意味〝諦めて〟しまうと、10センチの身長差があっても、長身の人と同じサイズのものを着てしまったりするのです。

10センチ違うのですから、長身の人にぴったりなサイズ感の服を着たら、当然、残念な着こなしに見えてしまいます。その分、どこかでサイズを縮小したりフォローしたりすることが必要になってきます。

「こんなもんだろう」の印象でとどまってしまうのではなく、「こう魅せたい」という印象へ近づけるためにこだわっていくと、本当に魅せたい印象になるのです。

人間は、諦めてしまったらそれ以上伸びません。それは、どんなことにも当てはまりますよね。

服だってそう。

「服なんてどうでもいい」というのは、メンタルですでに諦めてしまっている証拠。

それでは、どんどんたるんでしまい、見た目も仕事も人生にも、悪影響を及ぼしてしまうのです。

一流の人ほど、スタイルにこだわるワケ

私が30年間、この仕事をしてきて感じることは、一流の人ほど、**「どうでもいい」というマインドが皆無**ということです。

仕事に対しても、同じはず。どうでもいい、なんでもいいとなった瞬間、その行動の質が下がっていきます。

肉体に関してもそうでしょう。

よく「35歳を過ぎると、体型が崩れてくる」などと言う人がいます。しかし、これは加齢や代謝が下がったからではなく、意識が「どうでもいい」という具合に下がっていくからです。

もちろん、加齢により代謝が下がるということも事実だと思います。でも、そこで一流の人ほど、体に意識を向け、公園を走ったり、ジムに通ったりします。

皆さん、ものすごいこだわりを持っていらっしゃいます。

もちろん、その方それぞれの嗜好を大切にされ、そのうえでどんな印象に見えるよ

うに作り込んでいこうか、とお考えになる。

そこで、サイズ感の出番になるのです。


私が接する皆さんは、サイズ感の力を信じてくださっています。

新しい服を購入するたびに、またはクローゼットに眠っていた服を発見するたびに、一流の人ほど、サイズ感を見直しにいらっしゃいます。


なぜそこまでこだわるのでしょうか。


それは、**服とは自分であり、服が大きな一つの「自己表現」であるから**です。

服一着をとっても、または着こなし一つにしても、スタイルは自分という存在を雄弁に語ります。

逆を言えば、**服への意識がないということは、自分を表現する意識がないのと同じ**こと。自分のスタイルがない着こなしや、意識が行き届いていない服を着てしまうのは、自分の主張がない、と表現しているようなものです。

服は、自分を最大限に表現し、かつメンタルをコントロールするもの。

そのため、常に自分の意識を高めている一流の人は、〝マイスタイル〟はもちろん、服一着にもこだわりを持っているのです。

「古臭い」と「クラシック」は違う

「マイスタイル」を貫くことは、服で魅せるためにとても大切ですが、それと「自分はこうなんだ」と決めつけてしまうこととは違います。

わかりやすい例が、クラシカルなスタイルか、古臭い印象か、の違いでしょう。

洋服は、時代とともに変動しています。だからどう感じるかも流動的。そのため、その流れに敏感でないと、ファッションに対する鮮度はなくなります。

なにも、トレンドを追いかけることを推奨しているわけではありません。でも、クラシックも進化することを知っているかどうかでは、着こなしに雲泥の差が出てしまうのです。

クラシックを着こなせる人は、クラシックがどういうスタイルかを知っています。

古臭く見える人は、クラシックのスタイルに対する知識がないまま、古いものをそのまま着ているだけなのです。

クラシカルな服装というのは、伝統と格式ある服装・コーディネートのことを指します。クラシカルな服装と一言で言っても、男性と女性でも違いがあります。

クラシカルなスタイルが好きだからと、いつまでも昔の服をそのまま着て、マインドも変わることなく昔のまま引きずっていたら、残念ながら素敵には見えません。

「クラシックをそのまま着る。これが自分なんだ」

と決めつけてしまうと、クラシカルでもなんでもない、ただの古臭い印象になってしまうのです。

古臭く見える2つの要因

古臭く見えるのはなぜかというと、要因はまだあります。

大きく分けて2つ。

一つは、デザイン自体が古臭いこと。

もう一つは、デザイン自体はそうでなくても、サイズ感が古臭いこと。

私は仕事では、どちらも扱いますので、デザインを作り変えることもあります。

でも、より古臭い印象だなと感じるのは、サイズ感からくる古臭さです。

具体的に言えば、クラシックな服をお持ちの場合、そのサイズは合っていますか。

カッコよく見られたいのに、パンツが太かったり、ジャケットが少し大きかったりすると、どれだけカッコいいデザイン、クラシックだったとしても、カッコ悪くなってしまうものなのです。

トレンドではなく、自分の中で旬なサイズ感へともっていかない限り、クラシカルではなく、ただの昔の人になってしまいます。

たとえ体型が変わらないからといっても、服のゆるみは時代とともに変わります。

ですから、そこは意識して調整しないと、〝今〟素敵な人にはなれませんし、スタイリッシュなクラシカルスタイルにもなれません。

「古いままがいいんだ」ではなく、どうしたらクラシカルな雰囲気の印象になれるかを、意識すること。それが、クラシックスタイルには欠かせないのです。

太り気味体型の人がやってしまう着こなしの間違い

「大きめの服でごまかす」はＮＧ

今の時代、スリムに見られたいという願望は、男性にも女性にも共通して多いように思います。読者の皆さんの中にも、太り気味の体型に、コンプレックスを持っている方もいらっしゃるかもしれませんね。

太り気味体型の人に見られる残念な着こなし例としては、大きく2つあります。

一つは、太っているからと、体型を隠そうとしてガバガバな服を着ること。

締めつけがない分、自分も楽ですし、体が収まるからいいという意識で選んでしまいがちですが、その意識ではカッコいい着こなしにはなりません。

ゆるい服は余計に太って見えますし、だらしない印象を与えてしまうことになるので、NGです。

「自分は太っているから、こういう服しか着られない」と諦めて、カッコいい自分を作る努力をしなくなっているのかもしれません。

でも、諦めないでください。太り気味でもカッコよくなるサイズ感の服は必ず見つかります。

太っている人ほど、お店の人やファッションのプロに相談してみるのもいいでしょう。なぜなら、太り気味の人に合うサイズ感のものを考えて、提案してくれるのがプロだからです。


こう伝えると、逆に次のような服の着方をする方がいらっしゃいます。

それがもう一つの、**体型サイズに合っていない、キツい服を無理矢理着てしまう**というもの。もちろんこれもNGです。

太り気味の方が無理に細身の服やパンツを選んでしまうと、服に余計な横ジワが出ます。**横ジワは太さを強調してしまう**のです。単にキツいだけでは、メリハリのあるラインを作ることは難しいですから、これも避けるべき着こなしといえるでしょう。

太り気味の人が目指すべきサイズ感

ですので、太り気味の人は横ジワ、引きジワが出ない程度のフィット感。だからと言って、ゆるいのではなく、ジャストフィットしているライン。それが一番キレイでカッコいい。女性ならスレンダーに見えます。

そのようなサイズ感の服を着ることがおすすめです。

パンツのラインも同様、太すぎず、また張り付きすぎず、適度な余裕のあるものを選び、着用するようにするとスッキリ見えます。

そして、自分の理想とするスタイルになるよう、体型を作り上げることも同時にやっていきましょう。自分の「理想像」に近づくための運動と、無理な食事をしないこと。

そこにも意識を持つことです。

自分の今の体型とサイズ感を知り、理想のサイズ感・シルエットになるように、意識を向けていく。これができれば、すべてが変わり始めます。

食事や生活スタイル、服選び、振る舞い、仕事への意識もすべてつながっていくのです。

小柄な人がやってしまう着こなしの間違い

長い丈に気をつける

では、小柄な人のサイズ感はどういうものを目指せばいいでしょうか。

まず大事なのは、これまでと同様に、「どう魅せたいか」を決めることです。

「より長身に見られたい」「スラッとした印象に見られたい」という方もいらっしゃることでしょう。

そんな方が、長身の着こなしに憧れて、もし長い袖丈や、ゆるゆるのサイズの服を選んでしまうと、より小柄さを出してしまうことになります。

特に、ジャケットやコート、パンツの選定には注意が必要です。

小柄な人にとって、長い丈は命取りです。

長身の人なら多少袖が長くても、空気感で着こなせてしまいますが、小柄な人の場合、袖だけでなく全身がズレて見える結果になります。

また、どうしても、トレンチコートをカッコよく装いたいからと、そのままの丈の長さで着てしまうと、〝着られている感〟が出てしまい、カッコよさとは程遠い着こなしに。

もちろん、全身のラインのバランスが崩れてしまうので、より身長の低さを強調してしまうことにもなってしまうのです。

太めのパンツも同じ。脚長に見せるつもりが、短く見られてしまいます。

少しでもサイズが大きい、ゆるい、長い服を選んでしまうと、小柄な人にとってはマイナスの着こなしになってしまいます。

小柄な人が目指すべきサイズ感

でも、そのアイテムをどうしても着たい。マイスタイルにぴったりだから、装いたい。そう思う気持ち、よくわかります。

では、どうすれば解決できるでしょうか。

まずは、**丈と幅のバランスがキーワード**となります。

ご自身がお持ちのジャケットやコートを着比べてみて、どの丈のものが、一番スラリと見えるのか、模索してみてください。

選んだジャケットとコートの丈を測り、次は肩幅も意識しましょう。特にジャケットは肩幅が少しでも大きいと、肩が落ちて、服に着られているようなシルエットになります。

着丈《きたけ》も気にしましょう。

着丈とは、後ろの首の付け根から裾《すそ》までの長さのことです。これが長すぎていないかをチェックしましょう。

大枠の目安でいえば、ジャケットの身丈《みたけ》の下の部分は、ベルトの下から股下のちょうど中間の位置くらいになっていると、スラッとして見えるようになります。

このとき、背中側も鏡で見てください。

着丈が長い場合、お尻が隠れてしまいますが、ちょうどいい着丈のジャケットでは、お尻が見えるはずです。お尻が見えない着丈では、上半身が大きく胴が長く見えてしまいます。

小柄な人だけでなく、この着丈のバランスを意識するだけでも、スタイルは魅せることができるのです。

パンツも同様、いろいろな幅や丈のパンツを履いてみて、ボリュームに負けないバランスをご自身で試してみてください。

パンツも作りはさまざまです。

長さはもちろんのこと、お尻が大きく作られたもの、小さいもの。

膝下がスリムになっているもの、ストレートになっているもの。

股上の長さ・深さが違うものなど。

いろいろなものを着比べることは、サイズバランスを知るうえで、最も必要なことです。


どんな着こなしをすれば、自分に合うのかは、ご自身で研究してみてください。

ここには、嗜好も含まれ、どれがカッコいいとは一概には言えません。だからこそ、**いくつも着比べ、自分の好きな「カッコいい」を探す**のです。

この〝好き〟であることは、とても大切なことです。

何の服を着るか以上に大事なのは、サイズ感

体型は同じでも、印象は180度変えられる

この章では、太り気味体型の人、小柄な人がやってしまいがちな残念な服選び、着こなしについてお話ししてきましたが、このどちらの場合も、サイズ感を意識すれば瞬時に解決できます。

太り気味の人は、程よいゆとりのある服を選ぶことが基本です。

そして、ジャケットなどは特にですが、横ジワが出ないようなサイズ感のものを選んでください。さらにスラリと見せたいのであれば、あえて縦ジワを出してサイズ感

を操ることもできます。その場合、洋服リフォームという方法をとることをおすすめします。

程よいゆとりのあるサイズ感は、「余裕のある人」という印象にもつながります。

また、スーツを着る男性なら、メリハリのあるラインにサイズ感を作り込んでいく。具体的には、ジャケットは肩幅に合っているもので、身幅は細く、パンツもピッタリのサイズ感を選ぶだけで、同じ体型であってもシルエットが変わり、印象もまったく違うものになっていきます。

わかりやすく言えば、「太っている」ではなく、

「ガタイがいい」

「貫禄がある」

という印象へ変わっていくのです。

小柄な人も、コンパクトなサイズ感に作り込んでいくことで、小柄であることへのコンプレックスを逆手にとり、その人だからこそ着こなせるバランスに仕上げることができます。

ですから、小柄な人には、抜群におしゃれな人が多いのです。それは、自分の体型に最適なサイズ感を熟知し、バランスよく着こなしているからです。

自分の体型コンプレックスを強調するような服選びをしないことも大切ですが、サイズ感の力を使うと、コンプレックスを乗り越えて、自分ならではのカッコいい着こなしができる人になることができます。

そして、自信がつき、今の自分を受け入れることができるようになり、気づいたらコンプレックスがなくなっていく。

そのくらい、サイズ感は重要なのです。

印象を変えたいなら、「服のシワ」に気を配る

私はリフォームのプロとして、お客さまや道ゆく人を見るときに、服のシワを見ていきます。

あってはいけない部分にシワがあると、どんなに高級な服でも、キレイではありません。カッコよくもなければ、美しくもないのです。

そのことを知らずに、着て歩いているというのは、とてももったいないことだと、私は思うのです。ほんの少しサイズ感を意識するだけで、後ろ姿さえも、誰もが「素敵」と思うほど、カッコよく美しくなれるのにと。

前述しましたが、人間は一日で、身長を5センチ伸ばすことはできませんし、体を5キロ絞ることもできません。でも、リフォームというサイズ感のトリックを使うと、次の瞬間、そのように〝魅せる〟ことはできるのです。

また、サイズ感を意識するようになると、人はどんどん研ぎ澄まされていく習性が花開きます。ただ単に着こなしが素敵に変わるだけではなく、なりたい自分へとマインドが形成されることで、なりたい姿に近づき、評価も変わり、人生が大きく好転していきます。

そうです、着こなしも、人生も、どんどんステップアップするようになるのです。

印象・評価・自己肯定感は意識ですべて決まる

私たち人間は、みな同じように歳を重ねます。顔にシワも出てきますし、体型にもたるみが出てきます。

それでも、キレイですっとした人と、どこか小汚い印象でカッコ悪い人がいる。

それは、なぜなのでしょう。

私のお客さまもそうですが、一流と呼ばれるような人に、いわゆる加齢臭が漂う方はいません。年齢がいくつであろうと、とても清潔感があります。

加齢臭は男性ホルモンが原因で……といわれますが、私の持論では、加齢臭ですら「意識」からきていると思うのです。

常に自分を維持して、自分のサイズ感を管理され、パリッとした服を着ていると、体も髪も服も、いつも清潔に保つことが当たり前になってきます。そして、その状態こそが、自分自身なのだという意識になる。

すると、「年齢を重ねたから」「生まれつきだから」を理由に、体型もどうでもいいなんて、思えなくなってくるのです。

もちろん、年齢相応の肉体やお顔立ちというのはあるでしょう。しかし、心がたるんでいたら、全部、外に映し出されていきます。結果、表情も姿勢も体つきもニオイも、変わってくるのです。

それは、周りに与える印象も評価にも、直接影響します。

はじめからダサい印象の人は誰もいませんし、逆にはじめからカッコいい印象の人もいません。

すべては、その人の意識が作り出すもの。

その意識が外側に反映されて、それを見た周りの人が反応しているだけなのです。

そして、評価されたり、褒められたりすると、人は自信を持つことができます。結果的に、揺るがない自己肯定感へとつながっていくのでしょう。


人生すら、生き方すら変える意識。

その意識を高めて確立させる手段こそ、サイズ感を意識することなのです。

第3章

一流の自分を作る
着こなし&服選びのコツ

未来の自分のイメージに合った服を選ぶ

未来のイメージから逆算して、自分を作る

あなたは、どんな自分でありたいでしょうか。

人生プランを練るのと同じように、未来の自分の姿を思い描くことは、とても大切なこと。

なぜなら、**思い描くことで、現実の自分が未来像に追いつく**からです。


〝未来〟と聞くと、遠く感じると思われる方は、まずは〝今日〟、どんな自分でありたいのかをイメージしてみてください。

「信頼できる人」というイメージでしょうか。

それとも、「モードな人」でしょうか。

それを毎朝、服を選ぶとき、または新しい服を買いに行かれるときに、毎回意識するようにしてください。

そうすると、自然と「どんな自分に魅せたいか」を意識するようになるでしょう。


ですから、「スラリとしたスタイルのよい自分」をイメージして、その日の服を選ぶように意識することが大事。

トレーニングをしてスリムな体を作るのもいいことですが、服選びの段階から、スタイルを作っていくだけで、本当にすっとスリムに見せることはできるのです。


まずは、なりたい自分のイメージを作り上げて、そこに自分の意識を持っていく。

それが習慣化すると、着こなしも服選びもどんどんステップアップしていき、見違えるようになります。

これが、「一流の人のあり方」のサイクルなのです。

一流の人は、「なんとなく」で服を買わない

自分の「好き」を言葉にできるか？

遠い・近いを問わず、未来の自分のイメージができたら、次は実際の服選びです。

自分でイメージを作り上げてから服を選びに行くのと、〝なんとなく〟買いに行くのでは、まったく違うはずです。なぜなら、「意思」が違うからです。つまり、

「こう着る」

「こう見せたい」

という意思があるかないかは、如実に着こなしに反映されます。

「こう着たい」という意思があると、着こなしやその人の姿に主張が出てきます。そんな人の姿は、当然素敵です。

もちろん、人には嗜好があります。この本を読んでくださっているあなたも、自分の嗜好を持っておられるはずです。

自分の嗜好に合った、好きなものを購入して、それを自分なりに着こなす。それが、自己表現において、とても大切なこと。結果、自信にもつながります。

一流の人は、それをマスターしています。自分の嗜好やこだわりをとても大事にしつつ、何が自分に似合うかを、ちゃんと自分で知っています。

服を見ただけで、
「これは自分にはNG」
と、瞬時にわかる。なぜなら、自分で自分を熟知しているからです。

服を買いに行くと、店員さんからアドバイスをもらうこともあるでしょう。スーツなどフォーマルな服の場合は、特にあるかもしれません。

プロフェッショナルとしてお客さまに接している店員さんからのアドバイスは、もちろん間違いではありません。でも、同時にそれが絶対ではないのです。

自分の着こなしやサイズ感を決めるのは、他人ではない、自分です。


人に言われるがまま服を選び、着ているのはナンセンスだと、私は思います。服は、あくまでも自分の意思で着るべきだからです。

一流の人になろうと思うのであれば、着こなしだけでなく、すべてのことにおいて、自分の意思で判断することが必要でしょう。

他人任せのもの、そこには答えがないように思うのです。


大事なのは、自分のスタイルを言葉にできるか、です。

私のところに訪れるお客さまは、自分の今のスタイルを明確に言葉にされています。自分が好きなもの、こだわっているところ、取り組んでいること。そして、それが一貫性を持って、あらゆる思考や行動、持ち物などに表れています。

まるで、自分の生きざまや自分そのものが一つの表現であるかのように。

ですので、皆さんも自分の「マイスタイル」「こだわり」を言語化できるように意識してみてください。難しいことはありません。


自分の好きな服のスタイルを言葉にする。

自分の生き方や考え方を言葉にする。


そして、それらが自分の今の行動とどうつながっているか、「だから今こういう仕事をしているし、こういう生き方をしている」と、言葉にしていくのです。


すべてはサイズ感に従います。

思考も言葉も、自分の理想（イメージ）のスケールに合わせて、形作られてくるのです。

だから、マイスタイルを持つこと。それと同時に言葉にできること。

それらを意識するだけで、あなたの未来は大きく変わっていくのです。

一流になりたければ、全身鏡

バストアップサイズの鏡は使わない

一流の自分を作っていきたいと思うなら、私がおすすめする簡単な方法があります。
それは、**全身鏡で自分を見る習慣**です。
前からでも後ろからでも見える鏡が、〝不可欠〟といっても過言ではありません。
これをする理由は、一流の人になる意識作りのためです。
等身大の鏡で、自分をどの方向からも見て、姿を確認する。
背中はどうでしょう。えりの下にシワ（ツキジワ）が出ていませんか？　背筋が曲がっていませんか？

ツキジワが出たまま着ているとしたら、自分に対して無責任である証拠。当然、周りにも〝無責任な人〟という印象を与えかねません。

そして、背筋が曲がってしまうと、背中にぜい肉が溜まってきます。常にいい姿勢でいることで、筋肉が維持されますから、自分の姿や姿勢をちゃんと見ることで、体型すら変わります。

私の家には、玄関から始まり、リビング、クローゼット周り……と、いたるところに鏡があります。そして、必ず全身鏡を置いています。全体のバランスはもちろん、靴を履いたときどうか、パンツはどうか、姿勢はどうか……など、家にいても全身を常にチェックし、その姿をキープするためです。

どの角度から見ても、完成された自分を常に維持する。

ここに意識がある人は、やはり一流の自分へと近づくことができると思います。

それが、男性の品格を確立するのです。

ナルシストを目指しなさい

あえて、提言したいのは**「ナルシストを目指す」**という方法です。

自分を磨き、自分をカッコよく見せるための近道は、ナルシストに近づいていくことです。

ナルシストといっても、〝自己愛〟といった意味合いではなく、自分に興味関心を持ち、責任を持つことです。

いつも高いレベルで自己観察をしていると、それは崩れることを知らず、年齢を重ねるとともに、完成度の高いものに向かっていきます。

一般的にナルシストというのは、ネガティブな意味を含んだ意味で使われることが多いと思います。

でも、私はナルシストであることは大切なことだと思っています。

本当の意味でのナルシストにならなくてもＯＫ。

でも、ナルシストになるつもりで、自分に強い関心を向け、サイズ感やシルエット

がどうかにまで目を向けてほしいのです。

自分が自分を好きになれると、自分を信じられるようになります。

自分を信じることが、〝自信〟であり、自分を好きでない人、信じられない人が素敵であるわけがありません。

私は自分のスタイルが好きですし、自分を信じて進んでいます。

スタイル作りは、ライン作りから

では、いざ自分のイメージに合った着こなしをしようとするとき、どこから始めたらよいのでしょうか。

それは、「ライン」からです。

例えば、「ジャストサイズ」といわれる、自分の体に程よいフィット感で着ることができる服は、ベース（基本）のラインになります。そのラインが、最も〝きっちり〟とした印象に見せることができます。

スタイリッシュな印象の着こなしをしたいのであれば、トレンド感を意識して、〝攻めた〟ラインを作るのが近道です。

タイトに作り込んだり、ベースラインの丈の長さを少し変えてみたりすることで、一味違うおしゃれなラインを作ることができます。

また、相手が警戒しないように、優しい印象に見せたいのなら、ゆとりのあるラインを作るのもいいでしょう。少しゆったりめのサイズを選びましょう。

それだけで、人に安心感を与えることができます。

ラインを作るときは、アイテムを一つひとつ見ていくことも大切ですが、全身のバランスを見て、イメージに近づけていくことがコツです。

服の基本は、「肩」にある

ベースのラインを探すとき、まずはどこを合わせるべきかというと、「肩」です。

人間は、脂肪や筋肉の量を変えることはできますが、骨格を変えることはできません。ですから、**基本は肩幅に合わせて、服を選ぶ**ようにします。

例えば、ジャケットを選ぶとき。お腹周りが気になってくると、お腹が収まるかを基準に選んでしまいがちです。そうするとたいていの場合、肩幅も大きすぎて、ドラム缶のように見えてしまいます。これでは、スタイリッシュさからは程遠くなります。

より太さを強調してしまい、加えてだらしない印象を与えることにもなるでしょう。もし肩幅に合わせて選ぶことができたら、そこから逆三角形のラインを作るようにサイズ感を作り込むと、カッコよさが引き出せます。

スーツの場合は、肩幅に合わせたジャケットを選んだら、パンツの幅もジャケットのサイズ感に合わせましょう。

お腹周りを基準にしてしまうと、モタッとしたパンツ幅を選んでしまいます。結果、パンツ丈とのバランスも崩れてしまい、太さだけでなく、脚が短く見えてしまいます。**単にお腹を隠すのではなく、体に沿っているパンツを選ぶ**、もしくはサイズ感を作り込むことで、スッキリした自分に出会うことができるでしょう。

肩の骨格に合わせて、ショルダーが〝はまっている〟と、美しく見えます。

なぜなら、人はまず相手の顔を見るからです。初対面のときは、特にそうですよね。相手の顔を見たときは、首もとまで含まれますから、ショルダーがシワなく美しくはまっているかどうかは、印象を確立させるためにもとても大切なことなのです。

今ある服で、魅力を10倍アップさせる方法

あなたの好きな服は、取り出しやすい服

皆さんは、ご自分のクローゼットを、すべて隅々まで把握していますか？

「把握している」という方も、「これとこれを合わせて着る」というようなコーディネートはしていても、服の「見直し」をしている方は少ないかもしれません。

新しい服を買いに行く前に、一度、クローゼットを見直してみてください。

すぐ手に取れる服や、取り出しやすい服、どこにあるか見ないでもわかる服というのは、あなたが〝好きな〟服です。

人間は、自分が好きなものを高い頻度で選ぶ生き物です。食べ物もそうですよね。嫌いな食べ物はなるべく避けるし、好きな食べ物は毎日でも食べたいと思うかもしれません。

服もそう。この場合の好きな服というのは、自分の嗜好はもちろんですが、着心地がいいかどうかで判断しているはずなのです。着心地がいいというのは、体に沿っているかどうか、つまりサイズ感につながります。

クローゼットにある服を見て、袖を通していない服はありますか？

その服を着ない理由はなんでしょう。

似合わないからでしょうか？

なんとなくモタつくからですか？

きっと、何かが気に入らないから着ていないはずです。

その理由を探っていきましょう。

すると、自分のサイズ感や、「どう着こなしたいのか」のイメージを紐解くことができます。

手持ちのお洋服で、ご自身の魅力がアップするサイズ感を知りたい場合は、クローゼットにある、パンツやジャケット、シャツなどを着比べてみてください。

どのパンツを履いたときが一番好きでしょうか。どのジャケットだと、タイトに見えますか？　それを、感じてください。


「こっちのパンツのほうが、自分カッコいいな、好きだな」

「このジャケットは絞れて見えるな」


そう思う〝感覚〟こそが鍵です。

それこそが好みのサイズ感であり、なりたい自分を作るきっかけになります。

そして、この「俺、カッコいいな」と思えるというのは、傲慢でも自意識過剰でもなく、自信を持って仕事や人生へ臨んでいくために、とても大切なことだと思います。

その際に、自分の好きなものをより素敵に表現することを意識すると、素敵な人として映るのです。

3つのサイズで試着すると、男の服選びがわかる

「いつものサイズ」をやめると、自分は変わる

なりたい自分のイメージを、いくつになっても保ちたい。

そう願っていても、誰にでも老化が訪れます。また、体型の変化もあるでしょう。

服を選ぶ際、私から皆さんへお伝えできる大切なポイントは、「今の自分の状態と向き合うこと」です。

服を選ぶにあたり、まずは自分の基本のサイズを把握しておきましょう。

そして、実際にお店では、ジャストサイズと、一つ大きいサイズ、そして一つ小さいサイズを試着してみましょう。

少しゆるいとどう見えるのかな、もしかしたら首回りはゆるいほうが自分には似合うのかもしれないな……などとサイズ違いを試してみて、違いを知るのです。

私の例になりますが、バギーパンツを履くときは、パンツの太さを強調して履くようにしています。なぜなら、大げさなくらいのほうが、ボリュームもあって、モード感が高まるからです。

だからといって、ジャストサイズより大きいサイズでは、バギーの太さのボリュームはカッコよくても、ウエストは大きい。なので、一つ大きいサイズを買って、ウエストを詰めて履きます。

ジャケット選びの場合、自分をよりスタイリッシュに見せたいお仕事のために購入するのであれば、一つ小さいサイズを試して、タイトに作り込むか検討する。

これが、私流のサイズ感の選び方です。

私のお店へいらっしゃる、いつもカッコいいお客さま方も、そのような選び方をされています。

「この服は、こんなイメージで着たかったから、今回は下のサイズを買ったんだよ」

なんて、おっしゃいます。

結果的には、ジャストサイズに落ち着くかもしれません。でも、まずは別のサイズを試してみて、違いを見ることが、自分のサイズ感にたどり着く近道なのです。

高級ブランドやおしゃれなセレクトショップなどでは、なかなか試着しづらいと思う方は、サイズも豊富に揃っている大手量販店のパンツでサイズ違いを履き比べてみるのがおすすめです。

「サイズを一つ下げて履くと、細く見えるかな」

「その分、履き心地はどうかな」

「ムチムチ感が出てないかな」

など、履いてみると、いろいろと感じることが出てくるでしょう。

その中で、ご自身の「勘」で、どれがいいかわかるはずです。違いを試すと、人は好き嫌いに反応するからです。そこで判断することが、とても大事です。

ですから、自分のサイズはこれだから……と決めつけないようにしましょう。ブランドによっても、特に海外ブランドも含めると、サイズはまちまちですから。

ご自身の思い込みにとらわれずに、試着室で新たな自分を発見してみてください。

自分スタイルの服は、戦闘服

たくさんの素敵なお客さまの着こなしのお手伝いをさせていただいていて、気づいたことがあります。

それは、服のサイズ感を調整して、スタイルを作ることによって、皆さん〝自分〟を作っていらっしゃる、ということです。

自分の見え方、さらには自分の心まで作っている。そうやって、一流と呼ばれる方々は、勝負に挑んでいるのです。

「カタチから入る」という表現がありますよね。新たにゴルフを始めようと、それなりのものを揃えたら、気分だけはハイスコア、なんてこともあるかもしれません。

まずはスタイルから入ると、自分のモチベーションが上がり、メンタルに影響します。そうして、お仕事の場合、強い言葉ですが「戦闘モード」に入るのではないかと思うのです。

ファッションと一言で言うと、チャラチャラしているととらえられがちですが、自己確立のために装うことができる「武器」です。

身一つで社会に向かっていくために、服という武器をいつもまとっているわけですから、それを確立しないでは、闘うことすらできないのではないでしょうか。

自分のイメージを固定したうえで、スタイルを作って挑んでいく。

その視点からすると、服はただの衣装ではなく、戦闘服なのです。

マイスタイルを持つことが、あなたを輝かせる

あなたには、「マイスタイル」がありますか？

私のマイスタイルは、「シンプル・イズ・ベスト」です。身長も高く、目のパーツも大きいので、いつもスッキリとしたシンプルな服を着るというスタイルは、20代の頃から一貫して変わっていません。

そのうえで、サイズ感を操って、モードを高めたり、グラマラスを演出したりと、着こなしを楽しんでいます。

マイスタイルを決めるときに、指針となるのは、自分が心地いいかどうかです。

男性の場合、同じ服を何度も新調するという人も多いでしょう。これは、男性の習

性ともいえること。女性は、いろいろな服を着たいから、同じ服を繰り返し買うという習性はありません。

もしあなたが、繰り返し新調した服があるなら、その理由を考えてみてください。何かにビビッときているから、何度も同じ服を買っているはずです。または、新しい服を買ったときもそう。

〝なぜ〟その服を買ったのかを、突き詰めていくと、おのずとマイスタイルが浮かび上がってくるでしょう。

マイスタイルに沿ったアイテムばかりがクローゼットに並んでくると、毎日カッコいい自分でいられますし、そんな自分を楽しむことができるようになります。

オフのときこそ、マイスタイルを大切にする

お客さまには、芸能人の方も多くいらっしゃいますが、〝魅せる〟ことが仕事なので、服や着こなしのこだわりは半端ないです。

オンのときはプロのスタイリストさんがコーディネートを用意するので、お仕事用

の服のお直しはスタイリストさんがいらっしゃいますが、ご本人はオフのとき用の服のリサイズに来られます。

「カッコいい」と言われて表舞台で活躍されている方は、やはり普段からマイスタイルを持っているように思います。

例えば、**コンビニに行くだけでも、コンビニに行くスタイルがある。**

芸能人ではない私たちでも、こだわりのある方の意識を真似てみることはできます。「仕事じゃないから」「普段着だから」と、オフのスタイルは手を抜いて「なんでもいい」という気持ちで服を着るのではなく、オフなりのテーマを持ってみるのも、大切なことだと思うのです。

家や自分の部屋は、もともとくつろぐ空間。そこで過ごすだけだから、服なんて「なんでもいい」ではなく、スタイルとは自分の心の表れであることを、オフのときも常に意識して、マイスタイルを作ってみましょう。

その意識は、オンにも必ず影響します。

すべては自分に興味を持つことから、変わり始める

マイスタイルがある人とない人の違いの一つに、自分に興味があるかどうか、が挙げられます。

自分に興味があるというのは、自分が好きで酔いしれるのとは別。自分を研究材料としている、そして常に自分の状態やあり方をチェックしている、ということです。

自分に興味がないと、例えば体重が増えたかどうかなんて関係ありません。そのままでいたら、気づいたら取り返しのつかないほど、体型が変わってしまうことになりかねないのです。

もし自分に興味が向いていたら、体重計に乗らなくても、体がもたついてきたなとわかります。いつも、些細な変化に気づき、軌道修正する。だから、万全の状態をキープできます。

そして、**意識が自分に向いていると、人の評価ではなく、「自分が自分をどう思う**

か」にフォーカスできます。

そうすると、モチベーションが変わり、自分にOKが出せるよう、なりたい自分のイメージへと近づこうと、変化するのです。

マイスタイルを持つためのコツ

どのようにマイスタイルを持つことがいいか。

一ついい方法があります。それは**ロールモデルを作る**ということ。

例えば、

①好きなモデル、俳優、アーティストの写真を選ぶ

②特徴を書き出す

③同じもの、もしくはその特徴に合ったものを、サイズ感を意識して、服を選ぶ

④そのモデルとなっている人のインタビューを読み、服やモノの背景知識を調べる

⑤服やモノに対して、調べる習慣を持つ

このようにして、最初は誰かの真似から入ってしまうというものです。

最初は真似から入っても、自然と自分のこだわりやスタイルが生まれてきます。

最初の1カ月くらい、完全にコピーしていきましょう。

そして、「彼（選んだロールモデル）なら、どんな思考をするか」「何を選ぶか」「その理由はなぜか」も含めて、コピーしていくのです。


そうすることで、スタイルを持つという感覚が養われていきます。

そして、そのスタイルを常にアップデートする。自分なりの知識やこだわり、ルールを自分に合わせて作っていくことで、自然とあなたのマイスタイルが生まれるようになります。

体型に合わせた着こなしのルール

「気になるところを隠す」はやらない

痩せ型の方は、体にフィットしたサイズで服を着ることがおすすめです。服のゆとりがより細さを強調することになります。

ですので、ジャストフィットを心がけましょう。

体型にコンプレックスがあると、向き合いたくないからと、自分への興味を失ってしまうかもしれません。でも気になる体型も、着こなし次第ではコンプレックスの解消になります。

第2章で「残念な着こなし」として挙げましたが、ここでは太り気味な人と小柄な人にぜひ知っておいていただきたい、着こなしの術をお伝えいたします。

これは女性の場合を例にするとわかりやすいのですが、太り気味で下っ腹が気になっているとしましょう。タイトスカートを履くときに、細いウエストにぴったり合わせてスカートを選んでしまうと、横から見るとボコッと下っ腹が出てしまい、お腹周りの肉づきを余計に強調してしまうことになります。

そんなときは、一番出ているところに合わせることで、横から見たときにストレートに見せることができる。これは、サイズ感トリックを操った着こなし方法です。

男性の場合も、お腹周りが気になるのであれば、シャツを着たときに、お腹に横ジワが出ないサイズを選びましょう。

もし、横ジワは出ないけれど、そのサイズだと袖が長い、肩幅が大きすぎる場合は、お直しを検討されるのもよいかと思います。見違えるようになりますよ。

コートの丈で体のバランスは変えられる

そして小柄な人の場合、重たさを感じさせない着こなしが基本のルールです。

例えば、トレンチコートなど、丈の長いコートは避け、ハーフ丈のコートのほうが軽快に着こなすことができます。

とはいえ、丈の長いコートも着たい。そんなとき、私の仕事の出番になるのですが、その人に合ったサイズ感で作り直します。例えば、その人に合った長さにカットしたり、幅を細くして、ボリュームダウンしたりします。


丈の長いコートにかぎらず、服は何でもそうですが、丈だけ短くしても、ほかのバランスが崩れてしまいます。

例えば、丈を切ることで、コートのベルトがくるウエストの位置が下がってしまう。その場合は、ウエスト部分を持ち上げて調整する。そうすると、コート本来のバランスを取り戻すことができて、カッコよく着こなすことができるのです。

コンプレックスをカバーしようと、1カ所だけに目を向けて服を選ぶのではなく、服はすでに今の状態が完璧なバランスで作られていることを理解して、そこから自分の体型に合うよう着こなすには、どうすればいいか、という意識を持つようにしましょう。

私のようなプロのリフォームの力に託すことも一つの手ですが、これまでお伝えした服選びのコツを実践して、ご自身の目で判断できるよう、ぜひチャレンジしてください。

自信は背中に表れる

自信を作る背中の魅せ方

一流の自分になるために、より素敵な自分であるために、着こなしや服選びのコツをお伝えしてきました。

ご自身を研究し、着こなしを探求していくうちに、はっきりと変化が出る箇所があります。

それは、背中です。

日本のことわざに、「男は敷居を跨《また》げば七人の敵あり」というものがあります。これは、外の社会に出ると、たくさんの敵がいることを表した言葉です。

敵がどこからやって来るかわからないから、常に臨戦態勢で気を張っている男性を象徴しています。

侍の時代とは状況は違えど、どの角度から見ても完成された自分でいるか、そんな自分を維持できているか。

それは、男の自信となって背中に表れます。

自分では見えない後ろ姿が、どう見えているのか。背中にも、意識を張り巡らせているか。

見えないから、と言い訳せずに、背中も含めた自分の姿に責任を持つことで、あなたの着こなしは完成するのです。

背中の魅せ方は、肩甲骨まわりの筋肉と、サイドから見たときにS字ラインがわかるサイズ感が、最も男性的な〝背中を魅せる〟印象になるのです。

逆にダメな背中は、猫背ラインになっている背中でしょう。

コツは、バストサイズとウエストサイズの差をつけることで、サイドから見たときのS字ラインが表現されます。

第4章

「一流の自分」になるための習慣

サイズ感を意識することで、仕事・生活の習慣が変わる

一流の自分になるには、その場だけ取り繕っても本物にはなれません。毎日の生活を、どんな意識で送っているかが大切です。

私のお客さまの中に、講演やセミナーで教えている方がいらっしゃいますが、いつお会いしても、大勢の観客を前にして壇上で話されているときと同じ。ご自身の嗜好を追求しつつ、体に沿うようなパキッとしたサイズ感でキメていらっしゃいますし、何よりも自信に満ちあふれています。

その先生は、壇上に上がるときの衣装だけでなく、プライベートで愛用されているライダースジャケットですら、細部にまでこだわってサイズ感を意識されています。

少しでも体がゆるくなってしまったら、もう着ることはできないくらい、ピシッと詰めて着るのが、その先生流のサイズ感。ですから、常に体を絞っていますし、高い意識をプライベートでもずっとキープされています。

思い描くご自身の姿が、しっかり確立されているからなのでしょう。その自分であることで自信が表情となって表れていますし、人を惹きつける魅力で満ちている。

これが、その先生の生き方となっているのだな、と感じます。

肉体も着こなしも、その人の責任です。もし怠惰な生活をしていたら、それはその人の印象として見た目に表れてしまいます。

サイズ感を意識するようになると、それは日々の生き方に表れます。

わかりやすい例が、体を絞るようになったり、姿勢がよくなったり、自己肯定感が高まるため、自信に満ちた態度になったり、仕事においても積極的になったり、自分を高めるようなお店に足を運んだり……など。

挙げればたくさんありますが、どれもポジティブな生き方です。

そのような生き方に自分の気持ちからコミットしていると、無理にストイックになることはありません。自分の意識が高まっているから、自然と生活習慣が変わります。もしイヤイヤ体を絞ったとしても、続かないので、すぐにリバウンドしてしまうでしょう。

常に高い意識を保ち、最高の自分になるには、サイズ感で自分を管理することが、最速だと思うのです。

サイズ感を意識するためのコツ

サイズ感の意識とは、サイズを決めてしまって1センチも変えないのではなく、見え方のイメージを変えないということです。

いつも自分が自身のイメージに合っているかどうか、毎日、確認し、OKサインを出します。もしも自分のイメージからズレていれば、それを直す。そのことに意識を持つ習慣が当たり前にあること。

そして、これを習慣化していくことが大事です。

今日は手抜きなどとよく耳にしますが、手抜きなりのイメージをも、大切にし、生活しましょう。その中で、自然に自分のサイズ感が培われていくのです。

マイスタイルや生き方のルール、自分自身のあり方のルールを決めること。

そのスタイルや生き方、あり方こそが、服や暮らし、姿勢や体型、仕事の進め方、人生の哲学などとなって、形作られていくのです。

まずは、**自分がどうなりたいか、それはどんな姿で、何を大切にしているか、などを考えて、書き出し、決めてみてください。**

そのスタイルに従って、自分の行動の選択、服選び、マインドまでも選んでみてください。

これを意識して習慣にすることができると、意識する前の自分とは別の自分になったと思うくらい、自分が変わっていくはずです。

「このスタイルを崩したら、自分が自分じゃなくなる」

そう思えるくらいになったら、それがあなたのサイズ感となり、毎日をワクワクしながら過ごせるようになるはずです。

一流の人のクローゼットは美しい

クローゼットを完璧に把握する

例えば、新作のジャケットが目に入り、買おうと思ったとき、
「どう着ようかな」
と、考えます。
ここで、自分のクローゼットにある服が、一瞬で頭に浮かびますか？
コーディネートしたシャツとパンツが、すぐに浮かびますか？
「はい」と答えた方は、すでに一流と呼ばれている方か、一流の自分を目指している

方でしょう。

クローゼットが整理されている。

これは、一流の人に共通していることです。

収納がきちんとできていなかったり、意識が向いていなかったりすると、クローゼットの中身をざっくり把握していたとしても、実際にコートを何着持っているか、パンツは何本持っているか、答えることはできません。

でも、**一流と呼ばれる人は、シャツも靴も、頭の中で瞬時にコーディネートを組めるくらい、クローゼットを常に把握し、整えています。**なぜなら、自分のことをすべて知っているのが、ステータスだからです。

お客さまとお話ししていても、一流の方たちは、

「ブラウンのこのくらいの丈のパンツを持っているんだけど……」

など、頻繁にご自分のワードローブのお話が出てきます。それは、クローゼットをきっちり整理整頓し、管理しているから、わかるのです。

本当に服を大切にする人は、クリーニングを使わない

さらに、一流の人に共通しているのは、服の状態が常にいいこと。

忙しい朝に、アイロンをかけないといけないような状態には、決してしていません。

いつでもどれでもすぐに着ることができるよう、スタンバイＯＫの状態に管理しています。

これは、靴も同じ。

いつもキレイに磨かれた状態であれば、例えば天気の関係で出掛ける直前に靴を替えたとしても、仕事であろうと、パーティーであろうと、自信を持って外へ向かうことができるでしょう。

これは少しマニアックな話ですが、服を本当に大切にしていて、自分の嗜好を崩したくないという方の中には、クリーニングに出して服の風合いがなくなるのを避けるため、ご自身で洗って管理されている方も、けっこういらっしゃいます。

それを面倒と思うことなく、苦でもなく、されている。お話を聞くと、かなり手をかけて管理している方もいますが、それはその方なりの服への愛着の表れなのだと思います。

程度の差はあっても、クローゼットや手持ちの服の管理を習慣にすれば、整理整頓を面倒くさい、しんどい作業だと思わなくなり、常に最高の状態で服をまとうことができるでしょう。

この習慣こそ、一流の人に共通した印象でもある、「清潔感」につながっていくのです。

一流の人は、服や小物を大切に管理する

メンテナンスにこだわれるか、が一流を分ける鍵

例えば、レザージャケットは、着ているうちに袖部分が擦れて変色してきます。これを、レザーならではの空気感だからと、そのままで着こなすスタイルもありますが、清潔感に欠けるから補修したいという方もいます。

または、ベルトループが1カ所だけ擦れてしまった、ポケットの入り口がほつれた、シャツの袖やカフスが傷んだなど、着ているとどうしても傷んでしまう箇所を補修することを、一流の人は当然のことと思っています。

このような、服を大切にする管理の意識こそ、一流の自分につながります。もしパンツの裾がほつれたまま履いていたら、不潔な印象を与えてしまいます。

些細なことであっても、気にならないこと自体が、自分に対して無責任な表れです。服、小物、サイズ感、体型、それらをメンテナンスすることを意識しましょう。

男性の場合、古着で買ったヴィンテージのライダースジャケットでも、自分で可愛がってお手入れをしますよね。

レザーは乾燥すると、ひび割れを引き起こしますから、常にオイルを塗っておく。そうすることで、光沢のある美しい革のなめしをいつまでも楽しむことができます。

このようなメンテナンスは、服はもちろんですが、靴や財布も同じです。

プロに頼むことだけでなく、ご自身でメンテナンスすること自体を楽しまれている。女性にはあまり見られない、男性特有の特徴だと思います。

一流の人にもなると、たくさんの服や靴などを持っていることでしょう。でも、一つのものを大切に温めて、いつ出番が来てもいいように、ベストな状態にスタンバイさせておく。

この意識が高まっていくと、大切に管理することが当たり前になっていきます。

一流の人は、服を休ませる

常に戦闘服はいい状態にしておく

服でも靴でも、一日身に着けていたら、休ませることも大切なことです。そうしないと、どんどん傷みが進み、劣化が早くなるからです。

だから、一流の人ほど、服を休ませるために、ローテーションを組んでいます。そのために、同じアイテムを揃えたり、持ち数を新たに増やしたりしながら、メンテナンスも同時に行っているのです。

服を適度に休ませることで、いつもベストな状態に保ち続けることができます。

休ませ方の方法として、例えば、一度履いたパンツは、スチーマーをかけて吊るしておく。パンツのプリーツにも、プレスをかけておく。ジャケットは、型が崩れないハンガーに掛けて、陰干しで乾燥させ、消臭シワ取りスプレーをかけておく。靴は、磨いて乾燥させる……など。

一流の方は、自分のアイテムをこまめにメンテナンスする方が非常に多いです。こう言うと、「比較的時間に余裕があるからできているのでは？」と思われる方もいるかもしれませんが、そうではありません。

自分の服や持ち物を大切にするということのプライオリティが高いのです。服や靴、バッグ、小物にいたるまでが戦闘服であり、自分そのものなのです。服やモノを大切にできるということは、「自分のことを大切にしている」ことにほかなりません。

自分の身を着飾るブランドを持つ・持たないではなく、最高の自分になるための一品を最高の状態にしておく、その気高い意識が、最高の自分を作り上げるのです。

はじめは面倒に思えるかもしれませんが、習慣になってしまえば、歯を磨く、髭を剃るのと同じように、毎日の流れに組み込まれます。

一日を終えて自宅へ戻って着替えたら、今日一日の戦闘服を休ませることを習慣にしましょう。

一流の人は、ポケットの使い方すら考える

ポケットはなるべく使わない

あなたのジャケットやパンツのポケットには、何か入っていますか？

どこに何がどれだけ入っているか、すべて把握していますか？

私のお店では、メンテナンスも承っておりますが、中でも多いのが「ポケット」の補修です。

これは、男性のお客さまだけ。女性の方は滅多にありません。

男性は、七つ道具ではないですが、必要なものは常に装備しておきたいという意識が強いように見受けられます。

例えば、鍵、ケータイ、手帳、小銭など、たとえバッグや財布を持っていたとしても、ポケットに収める習性があります。あなたもそうでしょうか？

当然のようにポケットにモノを入れていると、いつも同じポケットの内部や入り口に負担がかかってしまいます。

もちろんポケットを使うのがよろしくない、と言っているのではありません。お仕事ですぐに取り出せるよう、ポケットに入れておく必要がある場合もありますしね。

ただ、デニムのような厚い生地なら問題なくても、スーツ生地は本来デリケートなので、なかなか耐えられないことも多いのです。そのため、生地が弱ってしまい、破れたりする。そうすると、きちっとした印象には見えません。

いつも清潔な印象でカッコよくキメている人は、ポケットのことも計算しています。

たくさん入れてしまうと、ポケットが膨らんで服のラインが崩れてしまう。さらに、ポケットの内部は見えないからといって、内側がボロボロなのは、完璧な状態とはいえません。

ですから、一流の人は、自分のスタイルに沿って内ポケットを新たに作り、何をどこに入れるかにも、意識を向けています。

それが、服をベストな状態に保ちつつ、ベストな自分を魅せることにつながるからです。

「カッコいい」＝「自分を知ること」である

あなたは、自分について何を語れるか？

ここで改めて、一流の人の大前提を心得ておいていただきたいと思います。

それは、「カッコいい」とは、「自分を知ること」である、ということです。

これは、私が、一流と呼ばれているお客さまや、アパレル業界でも著名な先生方に聞いて得た、共通の答えです。

つまり、自分を知らなければ、何も始まらないのです。

自分を知っていると、自分がどう見えているか、どんなふうに振る舞ったら最高にカッコいい自分でいられるのかが、理解できます。

著名なファッションプロデューサーの方は、私のお店へご来店されるとき、常にどの角度から見てもカッコいい座り方をされます。

店内でもサングラスをかけてキメていらっしゃるその姿は、とても目立つので、ほかのお客さまからもよく、「写真を撮らせてください」なんて声を掛けられています。

少しの隙も見せず、常にカッコいい。ときには大げさに見えるかもしれませんが、カッコいい自分を知っているからこそ、そこに焦点を定めているのです。

一流の人は、自分を十分に知っていて、自分の魅せ方までわかっています。そして、そう魅せることが習慣になってこそ、一流のカッコよさなのです。

自分を知るコツもご紹介します。

例えば、自分は何色が好きで、何色が嫌いなのか。どんなテイストの服が好きで、または嫌いなのか。クローゼットを見返してみると、自然と答えが出てきます。

嫌なものは買っていないはずです。並んでいる洋服は、あなたが選んだ好きなもの。

その好きなアイテムを使って、今度は「どんな人に見られたいのか」という着こなしを考えていく中で、自分というものを改めて知ることができるようになります。

一流の人ほど細部にこだわる

人生のルールが、スタイルを作る

本来、男性は〝こだわり〟が強い生き物だと思います。反対に、女性はそこまで強いこだわりを持ちません。

服を見ても、女性はミーハーな部分があるので、取っかえ引っかえ、新しいアイテムを持ちたいと思う性質があるのに対し、男性は「これ」と気に入ったアイテムがあると同じものを繰り返し買うくらい、こだわります。

男性には、大なり小なり、

「俺のスタイルはこれだ」

「これが自分なんだ」

というこだわりがあると思うのです。

きっとあなたにも、あるのではないでしょうか？

「自分にはそんな強いこだわりはないなぁ」

と思っても、男性は無意識のうちに嗜好を持っています。私がお客さまに接していても、嗜好やこだわりを持たない男性はいらっしゃいません。

そして、一流の人ほど、その人なりの強いこだわりを持っています。

こだわりを持つことは、男性の本能なのかもしれませんね。


こだわりの中でも服や着こなしへのこだわりは、人それぞれです。生地、ブランド、着心地、ライン、それこそサイズ感など、それぞれにあるでしょう。

例えば、靴によってパンツの見え方が変わってくるため、このパンツはこのコーディネートで履く、この靴にはこのくらいの丈のパンツがいいなど、靴とパンツ丈のバランスにこだわります。

最初から何にでも合わせようとしない、このアイテムにはこれを合わせると決めているのは、一流の男のこだわりであり、その人なりのルールです。

アパレルの業界で「先生」と呼ばれている方は、着こなしに対して、当然のごとく強いこだわりを持っていらっしゃいました。

まず、靴は時間をかけて、魂を込めて磨く。すぐに履かないとしても、常に愛情をかけておく。また、1～2週間分の全身コーディネートを作っておく。仕事のスケジュールを見て、その日その日の最適なコーディネートを作り、すべての服をベストな状態に整えてラックにかけておく。

そして、雨が降った、寒いなど、悪天候バージョンも作っておく。

お話を聞くだけでも、ものすごい徹底ぶりですが、この先生は「仕事だから、当たり前なんだ」とおっしゃっていました。

もちろん、アパレル業界ではない人や、壇上に上がるような仕事を目指していない人にとって、このこだわりの例は過剰に思えるかもしれません。

とはいえ、どんな人生を歩んでいるにしても、自分なりの強いこだわりが、一流の人になるにはやはり必要なのです。

一流の人は「行動のスタイル」も持っている

大事なのは服や持ち物だけではありません。

行動における習慣も、一流の人と普通の人とで違います。

あなたには、日頃の〝ルーティン〟がありますか？

もしかしたら、今のルーティンは無意識のうちに行っているかもしれませんが、意識を向けて行うことで、そのルーティンはあなたの〝スタイル〟になります。


例えば、新しい服を買いに行くとします。

行きたいお店がすぐに頭に浮かびますか？

ほとんどの男性の場合、好きなブランドや気に入ったお店があると、まずはそのお店へ行きます。これはもはや男の習慣でしょう。

レストランやヘアサロンもそう。自分が気に入ったお店に出会うと、何十年も浮気せずに通うようになります。

私のお店のお客さまには、ほぼ毎週末服のお直しに来られ、そのあとは靴のメンテナンスのサロンへ行き、いつものバーバーで髪を整える、というご自身のルートを持っている方もいます。

リフォームに立ち寄ってくださったあとは、私のお店のある有楽町から近い銀座の行きつけのバーへ飲みに行く、という方もいらっしゃいます。

そうやって、自分に合ったお店なり、いわゆる行きつけの場所をつないでいくと、「あなた」というスタイルのルートができあがります。

もちろん一流の人は、確固としたその人ならではのスタイルを持っています。

このアイテムはこの店で買う。

そして、そぐわないものに対しては、一瞬で「NO」と言える。

この判断力は、着こなしだけでなく、仕事でも、何にでも求められることでしょう。

これは、普段から自分のスタイルを確立しているかどうかが、大きく左右するのです。

自分のルールを10個作る

自分が心地よいと感じた場所は、それは、あなたが望む場所であり、その場所に定期的に通う習慣がつき、行動スタイルが確立されます。自身を維持するための時間、癒やすための時間を大切にしましょう。

別の方法もご紹介しましょう。

それは、「こういうことをするとカッコ悪い」と思うこと、「こういうことをする人って渋い」と思うことを書き出してみることです。思いつく限り書いてみて、それを自分のルールとして10個に絞ってみてください。

それを自分自身との約束として、絶対にやぶらないと決めてください。

「○○にこだわっているコーヒーじゃないと飲まない」というちょっとしたことだってOK。これを習慣にして、続けていくと、自分のスタイルが見えてきます。

これは無理矢理「こだわり」を作っているように感じる人もいるかもしれません。

でも、それは無理矢理こだわりを作ることに意味があるのではなく、こうすることで**「なんでもいい」という思考を捨てることができる**のです。


「何が食べたい？」

「どこに行きたい？」

という会話で「なんでもいい」「どこでもいい」と言ってしまう男性は少なくありません。

このワードが出てくるということは、自分のスタイルを持っていないことの証です。

また、「自分はこうする」「こうしたい」という決断ができない人でもあるのです。


まずは10個、こだわり・マイルールを作ってみる。

そこから自分のスタイルが生まれてくるはずです。

いい姿勢が最高のメンタルを作る

一流の人は皆さん、自信に満ちています。それが、姿勢となって表れているように思うのです。

逆に言えば、背中が曲がって、いつもうつむいているような一流の人はいません。

第1章でもお伝えしましたが、自分のマインドが変わると、姿勢がよくなります。自分に自信が持てると、物理的にも胸を張って背筋が伸びるからです。

また、一流の自分にふさわしい着こなしをしていると、服に余計なシワを作らないように、いつでも完璧に着こなして見えるように、座ったときでさえいい姿勢でいられます。

私は、いつでもスレンダーに見えることを意識していますから、座ったときに横ジワが寄ってしまわないよう、いつも背筋をピンと伸ばしています。

ミーティング時はもちろんですが、お食事をしているときも、お酒を楽しんでいるときも、姿勢は崩しません。

「体の軸を崩さないで、いい姿勢を保つのはキツい」と思われるかもしれませんが、これも習慣です。習慣化してくる頃には、体にちゃんと姿勢を保つのに必要な筋肉がついてくるのです。

姿勢を崩してしまうと、服にシワが寄り、カッコいい着こなしも崩れ、余計な脂肪がついて、体のラインも変わってしまう。さらには、自信がなく、逆境を乗り越えていく強さも失っているように見えてしまう。

それでは、一流の自分にはなれませんよね。

姿勢はメンタルに直結していることを、常に意識すると、あなたの姿勢も体つきも印象も変わってくるはずです。

一流に見られる姿勢を作るコツ

私がいつも心がけている姿勢とは、専門的に服のシワを気にします。体が傾くとそちら側にシワができてしまい、背中を曲げると、パンツやスカートのウエストベルトに横ジワが入ってしまいます。

ですので、キレイにシワにならない状態を心がけているうちに、体幹が鍛えられているように思います。

脚を組んでもパンツの膝裏にシワが入りますし、体の歪みにもつながっていきます。

鏡のない場所でも、鏡があると想定し、入るべきではないところにシワができてしまうような姿勢はとらないように心がけています。

何も思わないで日々を過ごしていると、人はダサくなる

自分自身にチャレンジを課しているか？

20代や30代の頃は、仕事や恋愛、家庭など、駆け抜けるように日々を過ごしてきたことかと思います。もしくは、今まさに駆け抜けている最中だという読者の方もいるでしょう。

40代を超え、いろいろな面で余裕が出てくる年代になって、ふと周りを見渡すと、見た目だけでなく生き様すらカッコいい人と、ダサくなってしまう人に、大きく二分されるように思います。

その違いは、どこにあるのでしょうか。

男性であれ、女性であれ、どんな職業であれ、専業主婦であれ、

「自分はこうありたい」

という志を持って時を刻んでいる人は、とても素敵に歳を重ね、魅力的に映ります。これは、自分自身にチャレンジしているかどうか、の表れです。

「もう40も過ぎたし、このまま何も変えなくていいんだ」

と、何も思わずに生きていると、素敵どころか、「これでいい」というマインドが反映されてどんどんダサくなってしまいます。


反対に、ありたい自分に向かって、「どんなスタイルで自分を確立しようか」と常にチャレンジしている人は、年齢がいくつであっても、若々しく魅力たっぷりです。

お客さまを見ていても、皆さん、ご自分のスタイルの追求をやめることはありません。新調された服だけでなく、手持ちの服でも、どうしたらさらに自分らしくカッコよく見せられるのかと、常にサイズ感を見直されています。だから、年齢を重ねてダサくなるどころか、魅力が上書きされているのです。

私自身も、「私が一番カッコいい70歳になる！」と常々思っています。

誰もが、このくらい自惚れた気持ちを持っていい。いえ、一流の自分でいつまでもいたいのであれば〝持つべき〟なのではないでしょうか。

「こうあるのが、自分なんだ」

と、いつでもチャレンジする意識こそが、人を気高く美しくさせるのです。

一流の人が持っている自制心の秘密

素敵な人というのは、自分のあるべき姿をしっかりと思い描いていますから、そこから外れると、軌道修正を常にしています。

私の例になりますが、「スレンダー」に見せることが、私の鉄則です。スタイリッシュであることが、仕事柄、必要でもあるからです。

とはいえ、私はお酒を飲むことが好きですし、食事も制限なく楽しみます。ただそれが続くと、どうしても体がもたついてきます。

ここで、ある意識にスイッチが入ります。

「ドクター久美子は、サイズ感で体型を管理されている。だから私は太らないんだ」

そうすると、自制心が働き、増えてしまった1キロを戻すために、自ら食事の量を減らすことができるのです。すると、ピタッと体重が元に戻る。

そして、また食べたり飲んだりを楽しんで、体に変化を感じたら、意識をオンにして自制心を働かせる……。

これを繰り返しながら、30年経った今も、変わらぬ体型を維持しています。

決してトレーニングしているからではなく、マインドから体型コントロールをしていると、自分では思っています。

つまり、自分の姿を確立させると、そこからズレたときにはマインドから自制心を発動させることができ、状況に甘んじたり、流されたりしない。

そうやって、自分を維持していくことができるのです。

「私は決めている」を持っているか

自分が何をどう着たいか

「一流」という言葉には、さまざまな意味合いが含まれているように思います。どの視点から「一流」というのかによっても違うでしょうし、人それぞれの基準は違います。

それを踏まえたうえで、本当にカッコいい一流の人とは、どんな人なのでしょうか。

一流と呼ばれる人や、いつも素敵なお客さまにたくさんお会いすることで、私が導き出した答えは、

「何を着ていても、その人物がにじみ出ている人」

でした。

日本のアパレル業界において、知らない人はいないほど著名であるディレクターの方が、あるとき教えてくださいました。

「100人いれば、100とおりのカッコよさが存在する。だから、自分のカッコよさを見つけた人が、カッコいいんだよ」

何を、どう着るか、なんて回答例は、この世の中にたくさんあります。でもそこに、一流の自分になるための答えはありません。

大事なのは、〝自分が〟何をどう着たいか、なのです。


例えば、高級ブランドが大好きという価値観の人もいれば、何年もののヴィンテージがたまらないという人もいます。そういう意味では、ファッションの美学はその人それぞれでしょう。

でも、**カッコいい一流の人に共通しているのは、自分の主張を持っていること。**

そして、自分に合う・合わない、受け入れられるかそうでないかを、瞬時に決断できる人です。

自分だけのカッコよさを作る方法

私たちは、すべてのことにおいて、最終的には〝自分で〟決めています。

それは、スタイルもそう。

ただ、意識的に「自分で決めているか」どうかの違いです。

何を、どう着るかを、自分で決めるという意思がある人は、たとえ何色をまとっていても、どんなテイストのファッションでも、〝その人〟なのです。

ですから、この本を手に取っているあなたにも、ぜひ挑戦していただきたいのです。

まずはご自分の適正サイズを把握されたら、ショッピングへ出かけてみてください。いろいろ試しながら、サイズ感のトリックを取り入れて、なりたい自分、見せたい自分を作り上げてみてください。

これはレッスンだと思って、どんどんチャレンジしてみましょう。

回数を重ねるごとに、自分に合うかどうか、素早く決断ができるようになってくるはずです。

そして、気づいたら、自分らしく〝魅せる〟ことのできる服がわかるようになり、そのうちに着るものすべてが、〝あなた〟という人を語るようになるのです。

この決断ができるメンタルは、当然ビジネスにもよい影響を与えます。軸からブレない決断力を養うためのレッスンにもなるでしょう。

そうなれたとき、本物のカッコいい人になれるのです。

どう人に見られているかが、最高の自分を作る

自分を表現するという意識

一流の人は、自分の魅せ方がとても上手です。

その方それぞれの分野で突出しているのは言うまでもありませんが、大勢の人を惹きつける人というのは、自分がどう見られているかを熟知しています。

どうしたら、最高の自分を魅せることができるのか。

それを常に意識していると、自分を表現するベストな方法もわかってくるし、表現するタイミングも上手に掴みます。自分がどの角度でどのポーズで、どんな言葉を発

したら、場が最高潮になるのかがわかる。それができる方というのは、常に勘を張り巡らせているのでしょう。

講演をたくさんされているお客さまに、そのことを問いかけたところ、

「（壇上では）考えてないよ。本能だよ」

とお答えになられました。

それらは、計算してはできないこと。つまり、どう見られているか、自分なりの最高のパフォーマンスをするにはどう振る舞ったらいいかを、常に意識して、そういう生き方を心がけてきたからこそ、いざ本番で成し得るのでしょう。

ご自分をベストに表現される方は皆さん、服のバランスが素敵で、靴にも意識が行き届いています。

なぜなら、自分を知っていて、どう見られているかを知っているから。それは、何も壇上に上がるような仕事の方だけでなく、会社員の方でも同じです。

そしてさらに、人からポジティブな見方をされ、褒められたりすると、それが引き金となり、もっと最高の自分へと向かうようになるのです。

すべては意識が決めている

人は誰もが平等に歳を重ねます。肉体は、衰え老いていくものです。歳とともに、そのまま見た目も着こなしも老いていくのか、それとも歳を重ねることがこんなにも素敵なことなのかと思えるほど、魅力的な大人になるのか。

その違いは、何度でも言いますが、やはり自分の意識がどこにあるか、です。

このときの意識とは、「実年齢より若く見られたい」ということではなく、自分らしく素敵に装いたいという気持ちを持ち続けていることを指します。

また、自分はこうありたいと掲げる姿に向かって、努力を惜しまないこと。それには、時間もお金もある程度かかるかもしれません。

そして何よりも、自分の意思がそこにちゃんとあること。

この意識があるかないかの差は、歴然と表れます。

本書を読まれているあなたも、実は感じているのではないでしょうか。ご自身も含め、周りを見渡すと、差が生じていることを。

これは、男女問わず、同じです。専業主婦だからそんな意識は持てない……ということではありません。実際、ご家庭を守りながら、素敵な奥さまはたくさんいらっしゃいますから。

自分はどんなふうに見られたいだろうか。

思い描く素敵な自分に今なれているだろうか。

私たちを作るのは、すべて意識です。

ですから、常に自問をして、自分の意識がどこに向いているか、見つめる習慣をつけるようにしましょう。

一流と呼ばれる人になるということは、人から見て評価された結果です。あくまでも、先に「自分はどうありたいか」をイメージしておく必要があります。

自分の進むべき方向を見いだして、進んでいく。

その旅路には、自分を魅せる武器である服を味方にして、ともに歩んでいってください。

このとき、「パワー・オブ・サイズ」があることを信じていれば、常にあるべき自分の姿へと軌道修正することができます。

なりたい自分をイメージし、それに近づいていこうとする、あなたのそのマインドが、パワーとなり、無敵なあなたを作り上げるのです。

第5章

未来の自分を作るサイズ感の決め方

ベースのサイズ感を知る

それでは、自分のサイズ感を見つけていきましょう。

まずは、ベースのサイズ感を見いだしていきます。

この「ベース」というのは、キツくもない、ゆるくもない、行きすぎてもいないし、攻めてもいない、あなたにとって〝程よい〟サイズ感のことです。

いわば、あなたのクラシックなサイズ感。

「王道」のサイズ感といえるでしょう。


ベースのサイズ感を見いだせると、「フィットしているけど、カッコいい」着こなしになります。特にビジネスマンの方が、好まれるサイズ感です。背中の筋肉もわかるし、本来の骨格もわかる。きっちり見えるので、ビジネスシーンには最適です。

ベースのサイズ感を見いだしたうえで、あなたの嗜好を見つけてください。

このスタイルは好きか嫌いか、この見え方は抑えすぎだろうか、それとも攻めて見えるだろうか。

あなたの嗜好との折り合いで、ベーシックの軸ができあがります。


実は、このベーシックの軸がない人が多いのです。

軸がないと、この服はこんな感じだから無難にこう着る、買ったときのディスプレイのまま着る、となってしまいます。

自分の軸ができていると、「店員さんのアドバイスとは違うけど、こうやって着よう」と、自分のベースで着ることができます。

「王道こそが、真なり」という言葉を信じて、あなたの基本的な日常のスタイルのサイズ感を、確立させましょう。

自分の体のバランスを知る

先ほどのベースのサイズ感は、服を着たときの服とあなたのバランスで生まれるサイズ感です。

これには前提があります。

それは、自分のヌードサイズを把握することです。

自分のウエスト周りだけわかっているという人も少なくありません。

トップスやジャケットであれば、肩幅、身幅、袖丈、着丈という数字に影響します。

肩先から肩先までの長さを測り、肩幅を計算しましょう。

次に胸囲（身幅）。脇の下から水平に一周何センチなのかを把握しておきましょう。

袖の長さを知るために、自分の腕が肩から何センチなのか、首裏からベルトのところまでの長さも一度測ってもらうといいでしょう。

下半身も同様に、ウエスト周り、もも幅、股上、股下もすべて自分でわかっていたほうが、服を選ぶときや、サイズ感を崩して着るときに、参考にしやすいデータになります。

そうやって測っていくと、気になる部分も出てくるかもしれません。気になる部分が出てくると、自分の中で、「こう見せたいな」「腰回りが太いから、それが目立たないようにしたい」など、出てくると思います。

このように自分の体の細かい部分に意識を向けていくのです。

自分を見つめて、自分の体型とまずは向き合ってみましょう。

あなたはどこが気になりますか？

お腹周りが気になるから、スリムに見せたいと思いますか？

そのように、まずはご自身の体を直視します。そして、ヌードサイズや骨格、体のバランスをきちんと把握します。

これができていれば、サイズ感を作り込むまでいかなくても、服選びで間違うことはありません。

今のご自分と正直に向き合いましたか？
では、次なるステップへと進みましょう。

「どんな自分になりたいか」を決める

あなたはどんな印象の人になりたいですか？
この質問に、即答できますか？
ここで、

どんな自分になりたいのか
どういう印象の人になりたいのか
どう見えていたいのか

を、イメージしてみましょう。書き出してみるのも、おすすめです。
例えば、

- スリムな自分
- できるだけ背の高い自分
- 鍛え上げたマッチョな自分
- おしゃれでスタイリッシュ
- 優しい人
- 信頼できる人
- 仕事のできる男
- 男らしく頼れる人……

ここでしっかりイメージして決めることが、未来のあなたを作る第一歩となります。

サイズ感の作り方例

ここからは、パワー・オブ・サイズの出番です。
ほんの一例ですが、どのようにサイズ感を作り込んでいけるのか、お伝えいたします。

スリムに見せる着こなし方

＊キレイなラインに見えるよう、全身のラインを作る
上半身がやけに主張するなど、アンバランスなサイズでは、余計に太って見えてしまいます。

＊適度なゆるみを持たせる

キーワードは「1センチで印象が変わる」です。たとえば、ウエストが80センチの場合、プラス1～1・5センチのパンツを選びます。ぴったりサイズでキュッと締めてしまうと、より太って見えます。1センチの余裕が、スリムに見せるコツです。

＊縦ジワを意識する

服に横ジワが出てしまうと、はち切れそうでキツい服を着ているように見えます。実際キツいのかもしれませんが、それでは太さを強調するだけです。逆に、服に縦ジワが出ると、ゆるみがあるように見せることができます。

背を高く見せる着こなし方

＊ミニマムに作り込む

長い袖や丈、ブカブカゆるゆるの格好は、かえって背の低さを強調してしまいます。なるべくコンパクトなサイズ感で作るようにすると、小柄さを主張しなくなります。

＊腰から下を長く見せる

小柄な人はバランスがとても大切です。腰から下を長く見せるように作ると、全身のバランスがよく見え、背を高く見せることができます。そのためには、丈だけを短くするのではなく、元の服のデザインを崩さないように、ウエストの位置を上げたり、パンツも裾ではないほかの箇所を調整したりするなどの作り込みが重要です。

マッチョに見せる着こなし方

＊縦ジワを許さない

鍛えた筋肉を強調させたい場合は、少しの縦ジワも出さないサイズ感にします。逆に、横ジワを出すようにすると、筋肉のマッチョ感が強調できます。

＊逆三角形の骨格ラインを出す

ビジネスシーンなどで、ジャケットを着るとき、あまりにもマッチョ感を強調してしまうと、反比例して信頼度が下がってしまうケースもあります。

ですので、ジャケットを着て、肩からウエストにかけての逆三角形の骨格ラインがわかるようにサイズ感を作ると、筋肉の厚みを見せながらも、きっちりとした男らしさを見せることができます。

信頼できる人に見せる着こなし方

＊行きすぎたサイズ感を外す
サイズ感を詰めると、トレンドを追いかけているように見える場合があります。若い男性の場合はスタイリッシュに見えたとしても、信頼度をアップさせたい大人の男性には、程よいゆとりが鍵となります。

＊クラシカルを意識する
クラシックな雰囲気は、大人の魅力があるからこそ着こなせるものです。とはいえ、クラシックと古いは別物。決して古くない、自分なりのクラシカルを追求しましょう。

時代によっても、クラシックの流れは変動するため、サイズ感を流れに合わせることで、今の時代にカッコよくはまるクラシカルを演出できます。

自分の姿を記憶にインプットする

なりたい自分の姿や印象を決め、それに近づくためにサイズ感のトリックを操り、作り込んだら、その姿を鏡でじっくり見てください。

そして、自分の記憶にインプットさせましょう。


カッコいい自分、今まで見たことのないほど素敵な自分、紳士的な自分、スリムな自分、モードな自分……。

最高の自分の姿を、しっかりと脳裏に焼きつけてください。

そのあなたは、未来のあなたです。


もうあなたは最高の自分を知ってしまったわけですから、あとには戻れません。

そこへ向かおうとマインドにスイッチが入り、整っていくでしょう。
そうして、最高に輝く自分へと進化することができるのです。

おわりに

ここまでお読みいただきまして、本当にありがとうございます。

『心斎橋リフォーム』を立ち上げたのが、約30年前。そこから、服を蘇生させるリフォームという素晴らしい技術を、表に立って伝えていきたいと思い、大阪に店舗を構えたことから、ドクター久美子としての道が開かれました。

今でもそうですが、当時は特に、服のリフォームといえばとても地味な職業で、都会の中央に店舗を構えるなんて、あり得ない話でした。

でも私は、20代の頃から、

「リフォームには、人の人生を変える力がある」

という確固たる自信がありました。

そして、自分が立つ店は、都会的でカッコいい印象でありたい！　と強く思い、技術はもちろんですが、お店の印象作りも徹底して行ってきました。

40代に入り、大阪の店舗展開も安定していたとき、私の中でこんなチャレンジ精神が頭をもたげました。


「東京でも、私の技術は通用するのだろうか。試してみたい」


まだまだ新たなことを試すエネルギーは十分ありましたから、一大決心をして、単身東京へ乗り込んだのが、2016年のこと。

東京の中心地である有楽町での挑戦を決め、まったくゼロからのスタートを切りました。

知っていただかないことには、お客さまとつながれませんから、

「リフォーム＝丸の内店＝内本久美子」

をイコールとして覚えていただくために、慣れないＳＮＳを始め、服のコーディネートを毎日発信しました。

そこから、リフォームの力を信じてご来店くださるお客さまが、口コミでもだんだんと増え、アパレル業界の方々、著名な方も来てくださるようになったのです。

お客さまと日々向き合い、サイズ感を決めるお手伝いをし、大切なお洋服をお預かりして、リフォーム技術を駆使して甦らせる。

そして、生まれ変わったご自分のお洋服と対面されたお客さまから、

「こんなに素敵にしてもらえて嬉しい」

というお言葉をお礼とともにいただけるなんて、こんなありがたい職業はないと、私は心から思っています。

最初はただのお直しのご依頼でいらしたお客さまが、回を重ねるごとにどんどんと

変化して、素敵な人になられていく過程のお手伝いをできることは、素晴らしいことです。

そして、お客さまが喜んでくださる、そしてさらにカッコよくキマったお姿を見ることができる瞬間が、なによりも幸せです。

サイズ感は、人のマインドをプラスに変え、体型はもちろん、人間関係も仕事も人生までも変える力がある。

それが真実であることは、たくさんのお客さまの例が、語っています。

2020年、社名のごとく、新たに大阪の心斎橋に店舗をオープンいたします。

さらに、たくさんの事例をとおして習得してきたサイジングの技術を、ドクター久美子としてお伝えする活動にも、今後は力を入れていく予定です。

とはいえ、私の基本は、お客さまと向き合って、最高のサイズ感をご提案して、最高のリフォームに仕上げること。

リフォームの力、そして「パワー・オブ・サイズ」を伝えていくことが、私のミッションです。

本書を、自分の服を見直してみよう、未来の自分をまずは作ってみよう、というきっかけにしていただけたのであれば、ミッション遂行に一歩近づけたのでしょう。

サイズ感のトリックの力で、皆さまの人生がさらにカッコよく輝きますように。

一流の方々を拝見し、私自身もそうでありたい、近づきたいと願い、日々仕事に精進してまいりたいと思います。

内本久美子

内本久美子　うちもと・くみこ

株式会社心斎橋リフォーム 取締役副社長

大阪生まれ。服飾専門学校卒業後、大手百貨店の販売を経て、個人でお直し工房をはじめる。

1992年、有限会社心斎橋リフォーム設立、取締役副社長に就任。2010年、株式会社心斎橋リフォームに社名変更。

現在、同社のチーフフィッター兼東京・丸ノ内店店長。心斎橋リフォームの礎を築き上げた同社の顔であり、業界のパイオニア的存在でもある。30年間で約10万人以上もの体型と服を見てアドバイスし続け、洋服リフォームの高い技術からドクター久美子の異名を持つ。アパレル業界人から企業の経営者、弁護士、医師、政治家、芸能関係など幅広い業界の方々とかかわり、一流の人間からの信頼が厚い。

著書に『Dr.久美子流 服のリフォーム術』（万来舎）がある。

https://s-reform.co.jp/

一流の人がやっている
服《じぶん》の魅せ方

2020年3月22日　第1刷発行

著　者　内本《うちもと》久《く》美《み》子《こ》
発行者　徳留慶太郎
発行所　株式会社すばる舎
〒170-0013 東京都豊島区東池袋3-9-7東池袋織本ビル
TEL　03-3981-8651（代表）　03-3981-0767（営業部）
振替　00140-7-116563
http://www.subarusya.jp/
印刷所　株式会社光邦

落丁・乱丁本はお取り替えいたします

ISBN978-4-7991-0876-5